Georges SERVIÈRES

Documents inédits sur les Organistes français

DES XVIIe ET XVIIIe SIÈCLES

Prix sans majoration : 2 fr. 75

AU BUREAU D'ÉDITION DE LA « SCHOLA CANTORUM »

269, rue Saint-Jacques, 269

PARIS (V^e)

DOCUMENTS INÉDITS

SUR LES

ORGANISTES FRANÇAIS

OUVRAGES DU MÊME AUTEUR RELATIFS A LA MUSIQUE

Richard Wagner jugé en France, 1 vol. in-18, 1887, Decaux. (*Epuisé*.)

Tannhäuser à l'Opéra en 1861, 1 broch. in-18, 1895, Fischbacher.

La Musique française moderne (César Franck, Edouard Lalo, Jules Massenet, Ernest Reyer, Camille Saint-Saëns), 1 vol. in-18, 1896, Havard fils. (*Epuisé*.)

Weber (Collection des *Musiciens célèbres*), 1 vol. in-8, Laurens.

Emmanuel Chabrier (1841-1894), 1 vol. in-18, F. Alcan.

Freischütz, opéra romantique en 3 actes, musique de Carl-Maria von Weber, traduction du poème de Friedrich Kind, précédée d'un historique de l'œuvre et de ses adaptations françaises, 1 broch. in-16, Fischbacher.

Episodes d'histoire musicale, 1 vol. in-18, Fischbacher.

SOUS PRESSE :

Saint-Saëns (Collection des *Maitres de la Musique*), 1 vol. in-18, Alcan.

Georges SERVIÈRES

Documents inédits
sur les
Organistes français
DES XVIIe ET XVIIIe SIÈCLES

AU BUREAU D'ÉDITION DE LA « SCHOLA CANTORUM »
269, rue Saint-Jacques, 269
PARIS (V^e)

Documents inédits sur les Organistes français des XVIIe et XVIIIe siècles

AVERTISSEMENT PRÉLIMINAIRE

Pour une raison que comprendra le lecteur le jour où paraîtra (s'il doit jamais être publié), le travail historique plus important [1] qui a motivé les investigations dans les Archives dont le résultat va lui être, partiellement, soumis, mes recherches biographiques ont porté plutôt sur le XVIIIe siècle — et même sur sa dernière période — que sur le XVIIe. Mais comme les documents consultés m'ont révélé d'innombrables erreurs et lacunes dans les notices de Dictionnaires [2] relatives à nos organistes, la tentation de reviser plus complètement ces notices m'est venue. En remontant plus haut dans mes lectures, j'ai pu élucider certains faits mal connus concernant les artistes du XVIIe siècle. Il reste à cet égard encore beaucoup à découvrir. Les quelques indications, qu'on trouvera ci-après, pourront servir de point de départ à des fouilles plus complètes. Du moins, ce que je publie a-t-il été contrôlé d'après les documents contemporains, imprimés ou manuscrits.

La plupart des pièces manuscrites invoquées comme références appartiennent aux fonds des Archives ou de la Bibliothèque Nationales, ou à celles de l'Etat civil (Préfecture de la Seine). Quelques-unes proviennent des archives départementales ou communales de la Côte-d'Or, de la Somme, de Seine-et-Marne et particulièrement des registres paroissiaux de Chaumes-en-Brie. Avec l'aide obligeante de M. Jacques Fabre, secrétaire de la Mairie, j'ai eu l'avantage de les consulter sur place, après M. André Pirro qui y a trouvé des éléments biographiques précieux pour ses recherches sur la famille des Couperin [3]. Cette petite ville a eu le privilège d'être le berceau de nombreux organistes parisiens, plus ou moins apparentés entre eux, les Forqueray, les Séjan, Luce et Pouteau.

G. S.

XVIIe SIÈCLE.

J.-B. de Bousset. Voir plus loin Drouard de Bousset (XVIIIe siècle, 1re période).

1. *L'Histoire de l'Orgue du Panthéon*, publiée dans la *Tribune de Saint-Gervais* de mars 1922, en est un fragment.

2. Fétis, par exemple, que son continuateur, Arthur Pougin, n'a point revisé à ce point de vue et qui s'était surtout documenté dans celui de Choron et Fayolle, édité en 1810-1817. En ce qui concerne la France, le savant Eitner recopie servilement Fétis. Quant aux dictionnaires plus récents, de Grove et de Riemann, ils ignorent presque absolument l'école d'orgue française.

3. *Louis Couperin* (*Revue Musicale* de novembre 1920) et *Louis Couperin à Paris* (n° du 1er février 1921).

Buterne. *Buterne* tint l'orgue de la paroisse Saint-Paul de 1673 à 1726. Il avait 400 livres d'honoraires, comme son prédécesseur, Henry du Mont [1], mort en 1684. En outre, il avait un logement dans la Cour des Prêtres, mais il ne l'occupait pas et on lui reprochait de le louer (délibération du 25 mars 1718) et de ne pas tenir la promesse qu'il avait souscrite d'enseigner l'orgue à deux enfants de chœur. Buterne demanda l'autorisation de sous-louer l'appartement ; en échange de cette concession, il s'engageait à enseigner l'orgue à deux enfants. Seulement cet engagement ne fut pas tenu. Le mécontentement des marguilliers dut être grand ; il semble avoir inspiré le refus qu'ils opposèrent à Buterne lorsqu'il leur proposa un s^r^ *de France* (?) comme survivancier [2]. La demande fut rejetée en ces termes assez durs : « Jusqu'au jour *où il sera pourvu à sa succession si, par la suite, il n'est jugé du bien de l'église d'y pourvoir plus tôt* ». Le même reproche fut renouvelé en 1723. On proposa de l'entendre en ses explications et de remettre la décision au jour de la délibération générale [3]. On sait qu'après un concours demeuré célèbre entre Daquin et Rameau, le conseil de fabrique fit choix de *Daquin* pour remplacer *Buterne*, le 28 avril 1727 [4].

Buterne avait aussi l'orgue de Saint-Etienne-du-Mont. D'après une lettre écrite par lui au Conseil de fabrique et lue dans la séance du 24 novembre 1726 [5], il y exerçait depuis 52 ans. Il y serait donc entré en 1674. Il alléguait sa « caducité » pour demander un survivancier, — qui fut *Ingrain* (voir ce nom, XVIIIe siècle, 1re période), — chargé déjà depuis trois ans de le suppléer et il dut mourir peu de mois après.

En outre *Buterne* était organiste de la Chapelle du Roi pour le 1er quartier. Il eut pour successeur, en 1702, *Garnier*, organiste de Saint-Louis-des-Invalides [6].

Œuvres. — Voir le Catalogue de la musique ancienne à la Bibliothèque Nationale, par Écorcheville.

Chappelain (Antoine). Son nom paraît, comme celui d'un musicien chargé de tenir l'orgue des Saints-Innocents « aux heures, jours et fêtes accoutumés », à raison de 18 *escus sol* par an, dans un accord du 17 mai 1602, dont le texte est enregistré dans le répertoire des délibérations du Chapitre de 1601 à 1682 [7]. Le 1er octobre 1603, ses « gages, trop minimes », sont élevés à 60 livres par an [8].

1. Règlement du 11 mars 1711 dans le Reg. des délib. du conseil de fabrique LL 891. Henry du Mont figure encore, avec 400 l. d'honoraires en 1672, dans les dépenses de l'année 1672-1673. Il avait en outre le logement, celui sans doute dont il sera question plus loin.
2. Délibération du 1er janvier 1721. Registre LL 892.
3. Délib. du 10 avril 1723. Il n'est plus question de ce grief par la suite. *Ibid.*
4. *Ibid.* Il est dit, dans le procès-verbal de ce jour, que le conseil a pris l'avis du sieur Lallouette, ancien maître de musique de Notre-Dame et de Solio, maître des enfants de chœur de Saint-Paul.
5. Reg. des délibérations de la fabrique LL. 707.
6. *Mercure de France* d'octobre 1702.
7. Registre LL 758.
8. *Ibid.*

Je n'ai point trouvé d'autres renseignements sur *Chappelain*.

Deslions ou De Lyons[1] (Charles). Organiste de Saint-Etienne-du-Mont, depuis une époque que je n'ai pas trouvée indiquée explicitement, mais qui doit être contemporaine de la livraison du magnifique orgue construit par le facteur Le Pescheux[2], achevé en 1636 et dont la splendide boiserie existe encore. *Deslions* avait une rémunération de 300 livres par an, portée en septembre 1661 à 400, puis réduite de nouveau à 300 livres, en 1694, par un conseil de fabrique astreint à rechercher des économies. Toutefois, il restreignit les obligations de son organiste, mais il mit à sa charge la rétribution du souffleur et du facteur[3].

En 1659, *Deslions* avait été chargé par le chapitre Saint-Honoré de la visite de son orgue refait et augmenté par le facteur Guy Joly[4].

Le 23 juin 1672, il demanda et obtint, pour remplaçant et successeur éventuel, Girard *Jollain*, titulaire de l'orgue de la collégiale Saint-Benoît, rue Saint-Jacques. Or ce fut *Buterne* (voir ce nom, ci-dessus), qui prit sa succession en 1674[5].

Les Gigault. Sur Nicolas *Gigault*, ses origines et sa famille, je ne puis que renvoyer le lecteur aux savantes et substantielles notices que lui a consacrées M. André Pirro, dans les *Archives des Maîtres de l'orgue*, d'Alex. Guilmant et dans la *Revue d'Histoire musicale* de 1903.

Gigault (Nicolas). Né en 1624 ou 1625, Nicolas *Gigault* serait mort vers 1707. Ce qui est hors de doute, le registre des délibérations de la fabrique de Saint-Nicolas-des-Champs, consulté par M. Pirro comme par moi, l'atteste, c'est qu'en 1701, Nicolas fit admettre comme survivancier son fils Joachim[6] de qui je vais parler.

Gigault (Joachim). En note à la biographie de Nicolas *Gigault*, M. André Pirro a publié une courte notice sur son fils Joachim, né le 17 mai 1676. A la fin de 1745, celui-ci avait donc 69 ans. Par décision du 26 novembre 1745, l'abbé Moulnory, maître du chant et des enfants de chœur depuis 25 ans, fut choisi comme successeur éventuel survivancier du titulaire « très agé »[7]. Mais c'est seulement le 9 octobre 1756 qu'une pension de 400 livres fut accordée à *J. Gigault*, « ancien organiste », par une décision rappelée au Registre de comptabilité H⁵ 4545 de 1761. Celui-ci ne prévoit d'ailleurs aucune dépense ni pour l'organiste ni pour le facteur.

D'autre part, à l'abbé Moulnory, « maître des enfants de chœur », en plus des sommes qui lui sont allouées pour leur instruction et leur entretien, la fabrique accorde « 200 livres pour le rembourser de

1. Telle est sa signature, apposée sur le registre de la fabrique de Saint-Etienne.
2. Buffet commandé en 1631 au menuisier Buron, selon devis du 22 janvier, payé 4.000 livres tournois ; dernier paiement en février 1634 et à Le Pescheux en juin 1636 Arch. Nat. (L 635 et LL 704).
3. Reg. des délib. de la fabrique LL 704.
4. Décision du 4 juin 1659, dans le registre LL 508.
5. Reg. des délib. de la fabrique LL 705.
6. Reg. des délibérations LL 863.
7. *Ibid.*

pareille somme qu'il a payée à la personne qui a touché l'orgue pendant ladite année ». Dans cette période, à défaut d'un organiste titulaire, il y avait, à Saint-Nicolas, un organiste intérimaire et provisoire, choisi et rétribué par le maitre de chapelle.

D'après M. Pirro, Joachim *Gigault* serait mort en mars 1765, probablement le 1er mars, car l'inhumation est du 3. Les pièces relatives aux frais d'enterrement et de dernière maladie, à la vente des effets et à la succession du défunt, se trouvent aux Archives de Seine-et-Oise dans E 650 (dossier Chiquelier).

Anne-Joachim *Gigault* avait épousé, en 1709, Françoise-Madeleine Dufour de la Coste [1].

Les Houssu. Comme pour les *Couperin*, les *Gigault*, les *Thomelin*, ce nom de *Houssu* a été porté par toute une dynastie d'organistes. Ecorcheville[2] cite un (*Houssu*[3] Henri), qui tenait cet emploi aux Saints-Innocents, en 1642. En effet, le registre des délibérations de la fabrique prouve que le décès de Henry *Houssu* est de 1686 [4]. En 1670, ses honoraires avaient été portés à 280 livres par an, dont 30 livres pour le facteur, mais à charge de rétribuer son remplaçant et survivancier, c'est-à-dire son fils Anthoine *Houssu* [5]. Comme celui-ci devint organiste de Saint-Leu-Saint-Gilles en 1683, il en résulte qu'il ne put suppléer son père aux Saints-Innocents, que de 1670 à 1682. En effet, le 30 juin de cette année, la fabrique agréa comme survivancier et suppléant d'Henry *Houssu* son fils Edme, qui lui succéda en 1686, après son décès.

Houssu (Antoine). Fils d'Henry *Houssu*. Après avoir rempli des fonctions d'intérimaire aux Saints-Innocents, il fut « pourveu à Saint-Leu », comme le rappelle la délibération du 30 avril 1686 précitée. Il eut ensuite l'orgue de Saint-Jean-en-Grève. Titon du Tillet n'indique pas à quelle date : il est probable que ce fut en 1691 [6] ; son successeur fut *Houssu*, son neveu, c'est-à-dire Charles *Houssu*, fils d'Edme *Houssu*.

Houssu (Edme). Second fils d'Henry *Houssu*, comme il a été dit plus haut, et son successeur aux Saints-Innocents, en 1686. Lui-même fut remplacé à l'orgue de cette paroisse par son fils Charles, agréé dès l'âge de quatorze ans, comme survivancier [7]. Je n'ai pas trouvé la date de son décès, non plus que de celui d'Antoine *Houssu*.

Houssu (Charles). Fils du précédent. Lui succède comme organiste des Saints-Innocents. En 1725, il reçoit avec *Couperin* l'orgue construit pour cette église par le facteur Thierry [8]. La date de son décès est 1731,

1. Contrat de mariage du 22 septembre.
2. *Actes d'état civil de musiciens inhumés au Châtelet*. 1 br. in-4°, Paris, 1907.
3. Le nom est parfois écrit : *Ossu*. Ainsi dans le *Livre commode des adresses* de Du Pradel. Paris, 1692. De même au registre LL 758.
4. Délib. du 30 avril 1686, dans LL 759.
5. Admis comme tel par la délibération du 25 décembre 1670 (Reg. LL 758, qui n'indique pas le prénom du fils).
6. On en verra plus loin la raison. Voir à Ch. *Houssu*.
7. Délib. de la fabrique du 30 septembre 1702, LL. 759.
8. Délib. de la fabrique des 8 et 14 février 1725 dans LL 760. Le prix fait en 1723 avait été de 6.800 livres pour le facteur et de 4.800 pour le menuisier Oger. En 1725, le facteur réclama et obtint 285 livres en plus.

car, le 4 octobre, *Forqueray* (N. G.) est reçu organiste des Saint-Innocents en remplacement d'*Houssu*. Celui-ci avait, en outre, succédé à son oncle Antoine *Houssu*, à l'orgue de Saint-Jean-en-Grève [1]. Edme *Vaudry* (voir ce nom, au XVIIIe siècle, 1re période) prit la place laissée vacante par Charles *Houssu*, mais son engagement du 23 juillet 1737 l'obligeait à prélever sur ses honoraires une pension de 50 livres pour la veuve du sieur *Housset* (*sic*) [2].

ŒUVRES. — La Bibliothèque Nationale ne possède pas d'œuvres de ces divers artistes.

LE BÈGUE (Nicolas-Antoine). Né à Laon en 1630, mort à Paris en juillet 1702, organiste de la paroisse Saint-Merry à partir de 1678 et de la Chapelle du Roi.

En 1702, la princesse de Conti prétendait imposer à la fabrique de Saint-Merry la nomination de *Mayeux*, cousin de *Le Bègue*, pour prendre la place du défunt. Le Conseil déféra à ce désir à la date du 3 septembre. Nommé titulaire à 400 livres d'honoraires par an, *Mayeux* tomba malade en 1704. Il fallut pourvoir à son remplacement et la place échut alors à *Dandrieu* [3] (voir ce nom, au XVIIIe siècle).

L'historien de la paroisse Saint-Merry a raconté que, le 13 décembre 1696, *Le Bègue* avait exprimé, par testament, le désir de fonder un salut à la date du 15 de ce mois. Le conseil de fabrique, passant outre à l'absence du chefcier Roslin, statua sur la demande.

ŒUVRES. — Alex. Guilmant a publié en 3 livraisons qui forment un recueil, 2 *Livres d'orgue* de cet artiste et un certain nombre de pièces d'orgue attribuées à N. *Le Bègue*, tirées du manuscrit de la Bibliothèque Nationale Vm7 1823.

La Bibliothèque Nationale ne possède pas d'œuvres imprimées de *Le Bègue*, mais, d'après le catalogue de celle de Tours [4], un manuscrit de ce compositeur intitulé : *Méthode pour toucher l'orgue*, suivie de *133 morceaux notés*, y a reçu le no 824.

MARCHAND (Jean-Louis) (1669-1732). M. André Pirro ayant donné dans la publication d'Al. Guilmant, une notice très détaillée sur *Marchand*, dont la biographie est du reste bien connue, je n'en parlerai ici qu'à propos d'un détail pécuniaire.

Titon du Tillet [5] affirme que *Marchand*, qui aimait particulièrement à se produire sur l'orgue des Cordeliers, ne recevait de ceux-ci aucune rémunération, « satisfait qu'il était d'un logement dans leur cloître ». J'ai eu la curiosité de contrôler l'exactitude du fait en compulsant le registre de comptabilité de la maison [6], correspondant à la carrière de

1. Titon du Tillet, ouv. cité.
2. Arch. Nat. LL 663. Le texte du traité constate, en effet, que *Vaudry* touche l'orgue depuis le décès du sieur *Housset* (*sic*). Il est rappelé sur la chemise que le traité antérieur est du 12 février 1691 ; malheureusement, ce document ne figure pas dans le carton précité.
3. *Histoire de la paroisse Saint-Merry*, par l'abbé Baloche, 2 vol. in-8, 1910.
4. Brochure in-8o, Tours, 1875.
5. *Le Parnasse français*. 1 vol. in-4o, Paris, 1732.
6. Registre H3 no 3954.

Marchand, et je n'ai trouvé, en effet, aucune somme inscrite à ce titre dans la nomenclature des *Dépenses annuelles fixes*. Dans les années qui suivent la mort du célèbre organiste (17 février 1732), 200 livres par an furent allouées à son successeur. On sait que ce fut *Daquin* (voir ce nom au XVIIIe siècle, 1re période).

ŒUVRES. — Consulter le Catalogue musical de la Bibliothèque Nationale, par Écorcheville, et la notice de M. André Pirro.

RACHEL DE MONTALAN (Claude). Titon du Tillet en parle en ces termes : « gentilhomme qui a été quelque temps organiste de Saint-André-des-Arcs » [1]. Le *Livre commode des adresses de Paris* donne en effet son adresse : « rue du Cimetière Saint-André » et le cite au nombre des organistes. En note, dans la réédition de cet ouvrage [2], Edouard Fournier ajoute que R. *de Montalan* aurait enlevé une fille de Molière en 1686, et qu'il l'aurait ensuite épousée. Dans ses *Recherches sur Molière et sa famille* [3], Eudore Soulié dément l'enlèvement. Mais il donne les détails les plus précis sur la personne : Esprit-Madeleine Molière, née le 4 août 1665. Quand leur mariage fut célébré à Saint-Sulpice, le 5 août 1705, elle venait juste d'avoir 39 ans. L'époux était veuf d'Anne-Marie Alliamet qui lui avait donné quatre enfants. Il demeurait alors rue Christine et ne possédait que 500 livres de rente viagère, tandis que l'avoir de Madeleine Molière était évalué 60.000 livres.

Dans les pièces d'archives provenant de la paroisse, j'ai pu trouver quelques renseignements sur ce personnage. Le 24 décembre 1669, *Montalan* signait, avec la fabrique de Saint-André, une convention pour tenir l'orgue à raison de 350 livres par an [4]. Le 19 juin 1691, le conseil décidait d'ensevelir gratuitement la mère de son organiste, par égard *pour ses longs services*. Nous voilà loin du *quelque temps* de Titon du Tillet !... Enfin les 25 décembre 1715, R. *de Montalan* exprime le désir de se retirer, se trouvant infirme, et propose pour le remplacer le s[r] de la Croix. Le Conseil y met pour condition que celui-ci abandonnera à son prédécesseur, à titre de pension de retraite, 150 livres sur les 350 livres, montant de ses honoraires [5].

En 1706, R. *de Montalan* avait été choisi comme juge du concours ouvert à la Madeleine en la Cité pour une place d'organiste. La préférence fut donnée à *Dornel* (voir ce nom au XVIIIe siècle, 1re période).

R. *de Montalan* se retira à Argenteuil, où sa femme avait acquis deux maisons rue de Calais. Décédée le 23 mai 1723, elle fut inhumée en l'église Saint-Denis d'Argenteuil. Lui-même mourut en cette ville le

1. Le lieu (Saint-Martin-de-l'Etré, dans le Forez) et la date de naissance de Claude *Rachel de Montalan*, écuyer (26 février 1646) sont indiqués par Jal, en son *Dictionnaire critique d'histoire et de biographie*, 1 vol. in-4°. Paris, 1866.

2. 2 vol. in-12. Paris, 1878.

3. 3 vol. in-8°. Paris, 1863.

4. Reg. des délibérations LL 687.

5. Reg. des délibérations LL 688.

4 juin 1738. Il fonda chez les Augustins un *De profundis* et une messe perpétuelle pour le repos de son âme[1].

Les Thomelin. Il y a eu, dit J.-B. Weckerlin[2], plusieurs organistes de ce nom. Le plus ancien est Jacques *Thomelin*, maître de chapelle du Roi, par quartier[3].

Il était titulaire de l'orgue de Saint-Germain-des-Prés, ayant comme suppléant un nommé Quesnel. Son successeur fut son élève Vassin[4]. *Thomelin* jouait aussi l'orgue de la paroisse Saint-Jacques-la-Boucherie, où, si l'on en croit Titon du Tillet, « les curieux de musique allaient, en grande foule, l'entendre aux jours de fête ». Il le fait vivre jusqu'en 1700, tandis que Jal[5] et M. Paul Fromageot limitent son existence à 1693.

Pour les autres *Thomelin*, voir plus loin, au XVIIIe siècle.

XVIIIe SIÈCLE (PREMIÈRE PÉRIODE)[6].

Drouard de Bousset (René). Né à Paris le 15 décembre 1703, fils de J.-B. *de Bousset*[7]. Élève de *Calvière* pour l'orgue et de *Bernier* pour la composition, *Drouard de Bousset* obtint en 1739 l'orgue de la paroisse Saint-André-des-Arcs. Son engagement fut signé dans la séance du 15 février 1739[8]. En 1756, il fut agréé comme survivancier de N. G. *Forqueray*, à Saint-Merry (voir ce nom) ; puis il devint organiste de Notre-Dame et de la Chapelle du Roi (pour le quartier d'avril)[9]. Il habitait l'île Saint-Louis.

Le 18 mai 1760, après avoir brillamment improvisé à l'orgue de Notre-Dame, il fut atteint d'une brusque attaque et décéda subitement le lendemain. Le 6 juillet suivant, la fabrique de Saint-André-des-Arcs qui, le 22 mai, lui avait donné comme successeur Nicolas *Séjan* (voir ce nom), pour venir en aide aux enfants du défunt, restées orphelines dans un âge très tendre, décida, en témoignage de reconnaissance « pour l'attachement et les services rendus par son organiste », qu'il serait accordé à ses trois filles 600 livres de gratification, échelonnées sur 6 années, à raison de 50 livres par semestre, à partir du 1er janvier 1761[10].

1. Eudore Soulié, Jal, ouv. cités.
2. *Catalogue de la Réserve de la Bibliothèque du Conservatoire de Musique.* 1 vol. in-8°, Paris, 1886.
3. D'après le *Mercure Galant* de juin 1668, *Thomelin* avait le 1er trimestre ; ses collègues étaient *Lebègue*, *Buterne* et *Nivers*.
4. Paul Fromageot, notice sur *les Orgues et Organistes de Saint-Germain-des-Prés.* 1 br. in-8°, Paris, 1908.
5. Ouv. cité. C'est dans sa notice sur les Couperin que Jal, accessoirement, parle de *Thomelin*. Il renvoie au mot : *Thomelin* pour la biographie de ce musicien et... on la cherche vainement à la lettre T. Oubli fréquent chez les faiseurs de Dictionnaires !
6. Cette « première période » comprend les artistes dont l'activité s'est exercée de 1700 à 1760 environ ; la seconde s'étendra de 1760 à 1790 et au delà.
7. J.-B. de Bousset, né à Dijon en 1662, mort à Paris le 3 octobre 1725, âgé de 63 ans. Fut maître de musique de la chapelle royale, au Louvre, pendant 34 ans (Voir la notice de Titon du Tillet et le *Dictionnaire des artistes* de l'abbé de Fontenai, 2 vol. in-12, Paris, 1776).
8. Reg. des délibérations de la fabrique LL 689.
9. Voir le *Tableau de Paris* de Jèze, 1759.
10. Reg. des Délibérations de la fabrique LL 690.

Dans les pièces d'archives, son nom est souvent écrit *Duboussel.*

ŒUVRES. — Je n'ai pas trouvé d'indications concernant les œuvres de D. DE BOUSSET.

CALVIÈRE (Antoine). Né à Paris vers 1695, organiste du Roi en 1738, décédé le 18 avril 1755. Il était titulaire des orgues de la Sainte-Chapelle et de Notre-Dame (par quartier), de Saint-Germain-des-Prés et de Sainte-Marguerite, au dire de Michel Brenet [1]. En ce qui regarde cette paroisse, le fait est confirmé par le registre de comptabilité de la fabrique (de 1752 à 1755) H[5] 3821*.

A sa mort, c'est la demoiselle Calvière, sa sœur, qui lui succède. En 1771 elle prend sa retraite, mais elle touche encore, jusqu'en 1785, les mêmes honoraires que son frère, 200 livres par an, laissant 30 livres au sieur Vernadé, qui la supplée, par suite d'un arrangement conclu entre eux. (Voir plus loin : *Vernadé.*)

ŒUVRES. — Voir le Catalogue de la Bibliothèque Nationale (Écorcheville).

DANDRIEU ou D'ANDRIEU (Jean-François). Fils de *Dandrieux*, demeurant rue Saint-Louis-du-Palais, cité parmi les maîtres d'orgue par le *Livre commode des adresses* d'Abraham du Pradel, et qui tenait celui de la paroisse Saint-Barthélemy.

Les dates de naissance et de décès indiquées par Fétis et par Weckerlin [2] sont erronées. Ils le font naître en 1684 et mourir, l'un le 16 janvier 1740, l'autre le 13 août 1739. Or, d'après l'acte de décès qui m'a été représenté aux Archives de la Seine (Etat civil) [3], Jean-François *Dandrieu* est mort le 17 janvier 1738, âgé de 56 ans. Il était donc né soit en 1682, soit à la fin de 1681 ; il demeurait alors rue Sainte-Anne et paroisse Saint-Barthélemy

Elève de J.-B. Moreau, J.-F. *Dandrieu* fut organiste de Saint-Merry depuis 1704. Dans sa monographie de la paroisse [4], l'abbé Baloche raconte dans quelles conditions *Dandrieu* succéda à Nicolas *Le Bègue.* A la mort de celui-ci, en 1702, protégé par la princesse de Conti, son cousin *Mayeux* obtint cet emploi le 3 septembre ; mais il ne l'exerça que peu de temps. Malade, il fut remplacé le 28 janvier 1704, suivant décision du Conseil de fabrique, par *Dandrieu* qui, en 1705, devint titulaire de l'orgue de Saint-Merry. Toutefois, une retenue de 100 livres sur ses honoraires lui était imposée en faveur de *Mayeux*, jusqu'au décès de ce dernier.

Le 18 février 1725, par égard pour les longs services de son organiste, le Conseil de fabrique décide de mettre à sa disposition « une chambre à cheminée, dans la maison où demeure le suisse, rue Saint-Martin, pour qu'il puisse se reposer et se réchauffer en hiver et se rafraîchir en été » [5].

1. *Les Concerts en France au XVIIIe siècle*, 1 vol. in-18, Paris, 1900. En ce qui concerne Saint-Germain-des-Prés, voir la notice de Paul Fromageot, déjà citée.
2. Ouv. cité.
3. Daté du 18 janvier 1738, extrait des registres de la paroisse Saint-Barthélemy.
4. Ouv. cité.
5. Registre des délibérations LL 850.

Dandrieu tenait aussi, depuis ses débuts, l'orgue de la paroisse Saint-Barthélemy [1] ; il fut inhumé dans cette église. La fabrique offrit à la fille du titulaire de lui succéder dans son emploi [2].

Œuvres. — Voir le Catalogue Ecorcheville et la publication de Guilmant.

3 livres de *Pièces de clavecin* ont paru sous son nom, le premier en 1718, le second en 1728, le troisième en 1734. Les couvertures des deux derniers sont ornées de gravures de N. Cochin et de Thomassin, d'après des compositions de N. Lancret. (Vm⁷ 1882-1883.) Le 1er livre, qui est dans le format oblong, est dédié à M. Robert, chevalier, seigneur de Septeuil, conseiller du Roi et président de la Chambre des Comptes (Vm⁷ 1877) [3].

Les pièces de clavecin ont pour titres des qualificatifs tels que : *la Majestueuse, la Modeste, l'Aimable, l'Ingénue, la Volage.*

Dandrieu avait écrit aussi *les Caractères de la Guerre*, suite de pièces à sujets militaires : fanfares, charges, etc., réduites pour le clavecin d'après l'orchestre. La Bibliothèque Nationale en possède la partition d'orchestre, gravée en 1718 « au Mont Parnasse » (Vm⁷ 1154).

Daquin père ou d'Aquin (Louis-Claude). Né à Paris le 4 juillet 1694, mort en cette ville le 15 juin 1772.

La biographie de cet illustre organiste et compositeur a été souvent faite, notamment dans les notices d'Amédée Méreaux [4] et de M. André Pirro [5]. *Daquin* fut assez précoce pour obtenir, à l'âge de 12 ans, — c'est-à-dire en 1706, — l'orgue des chanoines de Saint-Antoine-en-Viennois (couvent dit *Petit Saint-Antoine*) qu'il conserva 66 années [6].

En 1727, à la suite d'un concours où il l'emporta sur *Rameau* et sur *Vaudry*, il devint titulaire de l'orgue de Saint-Paul. Il succéda en 1732 à Louis *Marchand*, à la chapelle des Cordeliers, et en 1739 entra à la Chapelle royale. Enfin *Daquin* fut l'un des organistes de Notre-Dame, concurremment avec *Couperin, Balbâtre* et *N. Séjan*. Il conserva son emploi chez les Cordeliers, de 1732 à 1772, à raison de 200 livres par an [7]. Son fils figure sur le registre de dépenses de 1772, comme ayant touché son dernier trimestre, échu le 1er juillet 1772, soit 50 livres.

Par reconnaissance pour les longs services de *Daquin* père, les Antonins, écrit Fétis, firent chanter un service pour son décès et accordèrent à son fils une gratification.

Comme organiste de Saint-Paul, *Daquin* était logé dans une maison

1. Weckerlin, ouv. cité.
2. Titon du Tillet, le *Parnasse françois*. Paris, 1732. D'après l'acte de décès signalé plus haut, Dandrieu fut bien inhumé dans les caveaux de Saint-Barthélemy.
3. Il y donne son adresse : rue Sainte-Anne près le Palais. Sur les autres figure son titre d'organiste de la Chapelle royale.
4. *Les Clavecinistes français*, publiés chez Heugel.
5. *Les Maîtres de l'orgue*, publication d'Alex. Guilmant.
6. L'auteur revendique le titre d'organiste de ce couvent sur la couverture d'un recueil de Pièces de clavecin.
7. Arch. Nat. Reg. H³ 3955.

appartenant à la fabrique[1]. Les marguilliers firent rembourser à Pierre-Louis d'Aquin[2] 210 livres pour travaux faits dans le logement de son père et lui comptèrent 100 livres pour le premier trimestre de 1772 (Reg. H[5] 4600). *Fraguier* (voir ce nom) figure dans la comptabilité comme ayant touché l'orgue à 23 différents services entre la mort de *Daquin* père et l'installation de son successeur, *J.-J. Beauvarlet-Charpentier* (voir ce nom : 2e *période*).

Pour la liste des œuvres de *Daquin*, voir le Catalogue Écorcheville et la publication des *Maîtres de l'Orgue*.

DORNEL (Antoine). *Dornel* dont le prénom est donné par La Borde, serait, d'après Fétis, né en 1695. Cette date me paraît fort douteuse, car *Dornel* fut admis comme organiste de la Madeleine (en la Cité) le 1er novembre 1706, à la suite d'un concours où il fut préféré à Rameau. Ses rivaux étaient Gilliers, Manceau, Hauté (des Enfants Rouges)[3], Maunouri (Notre-Dame-de-Bonne-Nouvelle), Morel (des Filles du Saint-Sacrement, rue Saint-Louis-au-Marais), Corneil (de Notre-Dame). Le concours fut jugé par Gigault, organiste de Saint-Nicolas-des-Champs, Rachel de Montalan (Saint-André-des-Arts), de Landrieux (*sic*) (Dandrieu, Saint-Médéric)[4]. La raison qui le fit préférer à Rameau, jugé le plus habile parmi les candidats admis à ce concours, c'est qu'il n'avait alors aucun orgue. Rameau fut évincé parce qu'il n'avait pas voulu renoncer à son emploi chez les Jésuites de la rue Saint-Jacques et les religieux de la Merci ; *Dornel* ne fut reçu qu'*à la condition de ne pas toucher d'autres orgues*, conformément à la délibération du 4 septembre 1701 dont les conditions avaient été souscrites par son prédécesseur *d'Argincourt*, et aux délibérations précédentes (13 septembre 1693 et 25 novembre 1697).

Toutes ces restrictions et conditions ne semblent guère pouvoir s'appliquer à un enfant de *onze* ans !

Dornel les observa rigoureusement. En septembre 1716, il quitta ses fonctions[5] parce qu'elles étaient incompatibles avec l'emploi qu'il allait remplir, à partir d'octobre, à l'abbaye Sainte-Geneviève, comme suppléant d'André *Raison*, rémunéré de la moitié de ses honoraires (50 livres par quartier, puis 100 livres à partir de 1719). *Raison* recevait

1. Sur ses publications, il donne comme adresse : *rue Saint-Antoine, Cour Saint-Pierre en face l'hotel de Sully*. Voir Jèze, ouv. cité et, plus haut, l'article : *Buterne*.

2. Daquin fils fut aussi organiste, mais il est surtout connu par ses publications littéraires. Dans ses *Lettres sur les hommes célèbres du règne de Louis XV* (2 vol. in-12, Paris, 1752), il donne quelques renseignements, sur les musiciens contemporains.

3. *Essai sur la Musique*. Paris, 1780 (tome III). Il reporte à 25 ans en arrière la date de la mort de Dornel, c'est-à-dire à 1755 environ.

4. Registre des délibérations de la fabrique LL 826.

5. Lorsqu'il résolut de se retirer, la fabrique décida (délibération du 14 juin 1716) de faire toucher l'orgue jusqu'au prochain concours par *Thiéphine*, qui l'emporta sur *Neron*, à la date du 5 juillet.

En 1728, Dornel fit, avec Clairambault, partie d'un jury pour l'examen des candidats à l'orgue de la Madeleine. Sur l'avis de nouveaux artistes, la place fut définitivement accordée au sieur *Toutain* (*ibid.*).

100 livres comme ancien organiste (Registre manuscrit n° 2496, Bibliothèque Sainte-Geneviève, comptabilité de l'abbaye). Il était aussi organiste du couvent des Mathurins, rue Saint-Jacques. L'une de ses œuvres l'indique et donne son adresse : « rue des Marmousets, vis-à-vis la petite porte de la Madeleine ».

D'après le fonds de la Bibliothèque Nationale, les œuvres de *Dornel* consistent en :

Sonates à violon seul et suites pour la flûte traversière avec la basse (op. 2), 1711, in-folio, chez l'auteur (Vm⁷ 717) ;

Sonates en trio pour les flûtes allemandes, violons, hautbois (op. 3), 1713, chez l'auteur, 3 vol. in folio oblong (Vm⁷ 1133) ;

Pièces de clavecin, 1731, Paris, chez l'auteur, in-folio (Vm⁷ 1884 et 1888) ;

Livre de symphonies contenant 6 suites en trio pour les flûtes, violons, hautbois, avec une sonate en quatuor, 3 vol. in-4° oblong, Paris, s. d., chez l'auteur (Vm⁷ 1134).

Dornel a aussi composé une méthode intitulée : *le Tour du clavier sur tous les tons majeurs et mineurs, pour conduire plus facilement les étudians à connaître les tons les plus difficiles*, 1 vol. in-folio oblong, publié en 1745, au Mont Parnasse.

La Bibliothèque Sainte-Geneviève possède un recueil autographe de pièces d'orgue de *Dornel* (n° 2365 du catalogue Kœhler). Une inscription, sur la feuille de garde, porte la date : 1756 et affirme que ce recueil aurait été offert en don à Guillaume Morinot, chanoine régulier et bibliothécaire de Notre-Dame de Beaulieu, près le Mans. Le catalogue, sous les n°ˢ 2377-81 (cinq recueils manuscrits de pièces de clavecin de divers auteurs et dont la plupart sont de Couperin) signale aussi cinq suites pour le clavecin (en rythmes de danses) comme œuvres de *Dornel*. (Consulter la table générale à la fin du dernier cahier.)

Dufour. Date de naissance ignorée. *Dufour*, mentionné par Jèze en 1759, comme organiste de Saint-Jean-en-Grève, était le survivancier de *Vaudry* (voir ce nom), qui en touchait l'orgue depuis 1737 [1]. Il avait 500 l. d'honoraires en 1776. Il était aussi, en 1759, et peut-être même avant [2], l'organiste, à 100 livres de gages par an, des Pères de la Congrégation de Saint-Lazare. En 1765, il était devenu titulaire de l'orgue de la paroisse de Saint-Laurent, en survivance de *Delalande*, proposé lui-même comme survivancier de *Forqueray* par son maître depuis 1754 [3]. En 1768, sur sa demande, sa rémunération fut élevée à 400 livres (délibération du 28 janvier) [4]. En 1778, il proposa comme remplaçant et survivancier Nicolas-Jean-Pierre *Chauvet* (voir ce nom), organiste de Notre-Dame de Bonne-Nouvelle [5].

1. Arch. Nat. L. 663 (11).
2. Reg. H⁵ 3572. Le registre commence en 1757 : mais les deux premières années, le titulaire n'est pas nommé. L'indication des paiements s'arrête en juin 1768.
3. Reg. des délibérations de la fabrique LL 815.
4. Dufour est cité en 1775 comme organiste de Saint-Laurent, par le *Cabinet des loisirs*.
5. Reg. H⁵ 4517 *bis*.

Cette année-là, *Dufour* dut prendre sa retraite, car la fabrique de Saint-Jean-en-Grève lui faisait une pension de 160 livres par an, tandis que son successeur, *Couperin* fils, ne touchait que 240 livres, plus une gratification temporaire de 160, representative d'une indemnité de logement, durant la vie de *Dufour*. Cette situation particulière prit fin avec l'année 1786 ; le décès de *Dufour* est, en effet, du 30 décembre.

Œuvres. — La Bibliothèque Nationale ne possède qu'une œuvre de *Dufour*, Pièces de clavecin (op. 1, in-folio) Vm⁷ 1927. Malgré ce numéro de début, ce recueil dut paraître assez tard, car la couverture indique ses titres d'organiste de Saint-Jean-en-Grève et de Saint-Laurent, et son domicile, rue Saint-Laurent, faubourg de ce nom.

Février (Jacques). Né à Abbeville. Une publication anonyme, parue en 1876, *la Musique à Abbeville*, suivie d'un appendice biographique rédigé d'après des notes manuscrites de M. Deslignières, le fait naître en 1715 et mourir en 1780. Titulaire en 1749, et peut-être avant, de l'orgue des Jacobins de la rue Saint-Honoré, jusqu'à 1762 [1]. D'après le *Dictionnaire historique des musiciens* par Choron et Fayolle et le livre de Michel Brenet [2], *Février* avait aussi les orgues de la Sainte-Chapelle en 1738, de Saint-Roch et du collège des Jésuites.

De *Février*, la Bibliothèque Nationale possède un livre de *Pièces de clavecin* (nº 1) in-folio, publié en 1734 (Vm⁷ 1889-9493).

Les Forqueray. Telle paraît bien être l'orthographe normale du nom des *Forqueray* (que les actes et les papiers du XVIIIᵉ siècle appellent tantôt *Forcroie*, *Fourcroye*, *Forcroy*, etc...) [3] si, comme l'affirme M. Louis Forqueray, dans un livre concernant les origines de ses parents [4], les deux branches françaises de cette famille ont pour auteur commun un Forqueray venu d'Ecosse en France, en 1548, dans la suite de Marie Stuart. L'une de ces branches se fixa à Chaumes-en-Brie, l'autre à Paris.

C'est des Forqueray de Chaumes [5], c'est-à-dire de Gilles *Forqueray*, marié en 1635 avec une demoiselle Berville, née en 1613, que descendent les deux artistes de ce nom, qui furent organistes à Paris : Michel *Forqueray*, cité dans le livre de Pierre-Louis d'Aquin [6] comme organiste de Saint-Séverin et de Saint-Martin-des-Champs [7], et son neveu. Par un testament du 1ᵉʳ décembre 1756, déposé le 11 juin suivant chez Mᵉ Frémyn, notaire, il demanda à être enterré au pied de l'orgue de Saint-Séverin. Ce vœu ne fut pas exaucé, car il mourut à Montfort-l'Amaury, le 30 mai 1757, et y fut enseveli le 31. D'après les documents

1. Le registre de dépenses de l'ordre H⁵ 3965 * ne commence qu'à l'année 1749.
2. *Les Musiciens de la Sainte-Chapelle*, 1 vol. in-8º, Paris, 1910.
3. Ainsi, dans le registre des Délibérations de la fabrique des Saints-Innocents (LL 760), le texte le nomme Forcroie, tandis que Nicolas-Gilles signe son engagement : *Forqueray*.
4. *Les Forqueray et leurs descendants*, 1 vol. in-8º, Paris, 1911.
5. Le nom de Forqueray était très répandu à Chaumes. De 1681 à 1735, je l'ai relevé 9 fois dans les actes de baptême de la paroisse.
6. Ouv. cité.
7. Il était né à Chaumes le 15 février 1681 (archives paroissiales).

cités par M. Louis Forqueray. Michel *Forqueray* était riche : il laissait 60.000 livres de capital et 7.000 livres de rente. Sa fortune échut à son neveu Nicolas-Gilles qui avait assisté à son convoi et qui lui survécut peu.

FORQUERAY (Nicolas-Gilles). Fils de Gilles Forqueray, aubergiste qui tenait l'hôtellerie de la *Pomme de Pin*, *Forqueray*, le jeune, prénommé Nicolas-Gilles, naquit à Chaumes le 15 février 1703 [1].

M. Louis Forqueray assure qu'en 1723, Nicolas-Gilles était déjà organiste. Th. Lhuillier [2] rapporte qu'à 25 ans, il obtint un emploi modeste dans la musique du Roi, grâce à la protection de M. de Breteuil, évêque de Rennes et abbé commendataire de Chaumes. Ce qui est indéniable, c'est qu'en 1726, *Forqueray* (N. G.) fut proposé par Claude *Fouquet* (voir ce nom, ci-après), pour le remplacer à Saint-Laurent. Il recevait de la fabrique 100 livres par an, à charge d'entretenir l'orgue à ses frais [3]. Il lui succéda complètement en 1735. En 1757, il remplaça son oncle à Saint-Séverin. Il fut aussi organiste des Saint-Innocents depuis 1731, après la mort de Ch. *Houssu* [4] (voir plus haut). Il recevait de la fabrique 300 livres d'honoraires, plus 60 livres de gratification, allouées suivant une délibération du 21 mai 1751 [5].

A Saint-Merry, *Forqueray* obtint en 1740 la succession de *Dandrieu* (voir ce nom) [6]. En 1756, il désigna à Saint-Merry *Drouard de Bousset* (voir ce nom), comme survivancier [7] ; dès 1754, à Saint-Laurent, il avait fait accorder sa survivance à Nicolas Lalande, son élève, « qui a rempli en son lieu et place ledit orgue de Saint-Laurent (*sic*), avec l'applaudissement de tous les paroissiens, le titulaire ne se trouvant pas en état, par lui-même, de remplir sa place, ce que la compagnie lui a accordé ».

Forqueray, malade, se retira dans son pays natal, Chaumes, et y mourut le 22 octobre 1761. Suivant Th. Lhuillier qui a publié son acte de décès, il fut inhumé le 23, dans le cimetière de la paroisse [8].

M. Louis Forqueray a rapporté les termes du testament de Nicolas-Gilles *Forqueray*, daté du 24 novembre 1759, déposé, avec un codicille du 12 juillet 1760, chez le notaire Mareschal, à Paris. L'artiste aurait

1. Date publiée par M. Louis Forqueray. Je l'ai contrôlée sur l'acte de baptême.

2. *Notes sur quelques musiciens dans la Brie* (*Revue archéologique de la Seine-et-Marne* (année 1868).

3. Délibération du 9 décembre 1726, dans le registre LL. 815.

4. Reg. LL 760. (Delib. du Conseil de fabrique, du 4 octobre 1731).

5. Rappelée dans le compte du marguillier Vermond, rendu en 1760 (H[5] 4753 * 3e chapitre, art. 7).

6. Reg. des délibérations de la fabrique LL 850. Suivant décision du 8 janvier 1758, en raison de la situation obérée de celle-ci, le traitement de l'organiste fut réduit à 150 livres par an. Le 27 janvier 1760, le curé ayant remis à Forqueray 120 livres de dédommagement, le conseil l'approuva et lui fit rembourser cette somme (Reg. H[5] 4519 *).

7. Mais de Bousset étant décédé, Forqueray désigna, le 15 juin 1760, son élève *Desprez* comme survivancier.

8. J'ai contrôlé ces dates sur le registre de Chaumes. L'un des témoins à l'acte de décès est un jeune organiste de 21 ans, né lui-même à Chaumes, Michel-Vincent de Paul *Luce* (voir ce nom). Au registre de comptabilité de la fabrique des Saints-Innocents pour 1761, 3e chapitre de dépenses (H[5] 4737*), sont comptés 291 livres 13 sols à *Forcroye*, pour 9 mois et 22 jours de service, à raison de 30 livres par mois.

laissé une fortune encore plus considérable que celle de son oncle Michel de qui il avait hérité. Cette fortune alla à ses nièces [1]. A son neveu par alliance Nicolas *Séjan*, — neveu de sa femme née Nicole Séjan, — organiste aussi, le défunt laissait « son petit clavecin et un autre clavecin fait par Belloc ».

Pour les œuvres des *Forqueray*, voir le Catalogue Écorcheville.

FOUQUET (les). La biographie des *Fouquet* est très difficile à élucider, les pièces relatives à la paroisse Saint-Eustache étant fort incomplètes aux Archives Nationales.

FOUQUET (Claude). La date de sa naissance est ignorée. On sait qu'il est mort à Paris en 1735, grâce à un article du *Mercure de France* qui le nomme parmi les musiciens décédés dans l'année, en l'honneur desquels un service funèbre a été célébré le 25 aout, à Saint-Sulpice. Il est cité en 1725, dans le registre des délibérations du conseil de fabrique [2], comme ayant exercé depuis 20 ans les fonctions d'organiste à Saint-Laurent. En effet, le 6 février 1707, il avait été admis comme survivancier du titulaire, M. *de Thiau* [3]. Il tenait aussi l'orgue à Saint-Eustache, mais il est impossible de rien préciser à cet égard.

FOUQUET fils. Fétis qui, après Choron-Fayolle, confond le père et le fils, dit que *Fouquet* était organiste de la collégiale Saint-Honoré, vers 1750-55 [4] et jouait aussi les orgues de Notre-Dame et de la Sainte-Chapelle en 1758.

Le 15 juillet 1762, l'organiste *Fouquet* fut choisi, avec le facteur Sommer, comme arbitre, pour la réception de l'orgue de Saint-Paul, qui venait d'être *augmenté* par Clicquot [5].

Quelle est la date de sa mort ? D'après la déclaration des Biens et charges du chapitre Saint-Honoré en 1790 (S. 1822), celui-ci faisait une pension de 100 livres à Fouquet, « ancien organiste ».

ŒUVRES de *Fouquet* fils. La Bibl. Nat. possède de ce dernier 3 recueils de *Pièces de Clavecin*. L'op. 1 a pour titre : les *Caractères de la Paix*, in-fol. Paris, 1734, Vm[7] 1928. Il est précédé d'une préface destinée à enseigner « à jouer le clavecin et les agrémens ». Le 2e recueil de *Pièces de clavecin*, à Paris, s. d., in-fol. Vm[7] 1928 *bis* ; le 3e livre, à Paris, s. d., in-folio, Vm[7] 1929.

Dans ces recueils, les pièces ont des titres pittoresques comme *Fanfare*, *le Feu*, avec dessins imitatifs, *le Carillon de Cythère*, *les Forgerons*,

1. Ce qui expliquerait pourquoi la fabrique de Saint-Séverin faisait une pension viagère de 100 livres à la veuve ; pension que son neveu, Nicolas Séjan, qui lui succéda comme titulaire à Saint-Séverin (Délib. du conseil du 14 février 1762), était chargé de verser à celle-ci.

2. LL. 815.

3. *Ibid.*

4. Il est cité en 1759, comme titulaire de cet orgue, par Jèze, qui l'appelle du reste *Foquet* et le fait habiter rue de Cléry. Le 3e livre de ses *Pièces de clavecin* nous donne, en 1752, ses qualités : organiste des églises *Saint-Eustache*, *Saint-Honoré* et de l'abbaye de *Saint-Victor*, et l'adresse de l'auteur : rue des Prouvairs, vis-à-vis le magasin de Montpellier.

5. Délib. du 15 juillet 1762, L. 695.

Concert des Faunes, ou sentimentaux comme *la Sœur Agnès* ou *la Novice*, l'*Aimable Thérèse*, etc. ; portent des qualificatifs tels que la *Laborieuse*, l'*Adolescente*, l'*Angélique*, l'*Etincelante* ou des noms propres : la *Cémonville*, la *Laudella*, etc... J'ai noté ce titre singulier : *Allemande (la Pruscienne francisée)*.

GIGAULT (Joachim). Voir la biographie des *Gigault*, au XVIIe siècle.

HOUSSU (Charles). Voir la biographie des *Houssu*, au XVIIe siècle.

INGRAIN (Claude-Nicolas). Les prénoms d'*Ingrain* ont été révélés par M. G. Cucuel dans un article intitulé : *Notes sur quelques musiciens, luthiers, etc., du XVIIIe siècle*[1], mais il n'a indiqué les dates ni de la naissance, ni du décès de cet artiste, et je n'ai pu les découvrir davantage.

La plus ancienne pièce d'archives concernant *Ingrain* que j'aie pu mettre au jour est une délibération du Conseil de fabrique de Saint-Etienne-du-Mont du 24 novembre 1720, qui, sur la demande de *Buterne*, très âgé (voir ce nom, au XVIIe siècle), admet son élève *Ingrain* comme survivancier, avec promesse de succession à son décès [2].

Au début de 1751, *Ingrain* succède chez les Carmes de la place Maubert, à *Thomelin* (voir ce nom). En avril, sa rémunération est portée à 150 livres par an [3]. Il y exerça ses fonctions jusqu'en 1770, et celles d'organiste à Saint-Etienne-du-Mont jusqu'en 1774. En 1760, à la suite d'un incendie qui avait éclaté dans l'église et dégradé l'orgue, le conseil de fabrique, afin de faire face aux charges nouvelles résultant de ce sinistre [4], proposa de retrancher le traitement de l'organiste (et l'indemnité annuelle de 50 fr. au facteur, pour l'entretien) jusqu'à ce que l'orgue fût rétabli. On se borna sans doute à une simple réduction car, en 1765, Ingrain demandait l'augmentation de ses appointements *diminués depuis l'incendie* de 1760 (150 l.). Le facteur Somer, qui avait établi un devis des travaux à faire à l'orgue pour le remettre en état, réclamait la restitution de son indemnité. Dans sa délibération du 6 mars 1763, le Conseil décida d'allouer 24 livres par an au facteur pour accorder le *positif* [5], mais laissa les choses en état en ce qui concerne les honoraires de l'organiste. Cependant, trois ans après, Ingrain menace

1. *Sammelbande der Internationalen Musikgesellschaft* (XVIe année, 2e livraison, 1913).

2. Registre LL. 707. Ingrain devait avoir commencé dès 1724 à suppléer Buterne, car, le 21 avril 1769, il invoquait ses 45 ans de services pour demander à son tour un survivancier (Reg. LL. 709).

3. Reg. des dépenses H5 3928. Il était aussi organiste de la communauté de Sainte-Aure, rue Neuve-Sainte-Geneviève, qui donnait « asile à des filles de famille honnêtes, sans fortune ».

4. En 1757, il fut reconnu que l'orgue de Saint-Etienne avait besoin de réparations. Le conseil les autorisa sous la condition qu'elles ne dépasseraient pas 500 livres. L'incendie éclata dans la nuit du 23 au 24 juillet 1760. Le 25, en vue de réparer les dégâts, il décida que l'endroit dégradé serait clôturé de planches, avec un passage pour monter à la salle des Assemblées et que « la partie de l'orgue située du côté de cette pièce serait fermée de planches de latteaux » (Reg. LL. 709).

5. Le *positif* du grand orgue avait en effet été réparé et visité ensuite par des experts, entre autres Daquin ; ils conclurent que « le petit jeu pouvait aller et être prêt pour les vespres de la Conception de la Vierge » (*Ibid.*).

de démissionner si on ne lui rend ses anciens honoraires, son suppléant ne pouvant continuer à le remplacer. Le 23 novembre, le Conseil, confirmant sa décision verbale du 1er juillet, rétablit le chiffre de 250 livres.

Le 21 avril 1769, *Ingrain* fait agréer *Lasceux* (voir ce nom), élève de *Noblet* (voir ce nom), pour son survivancier. Mais le 3 décembre, le marguillier Sausset se dit informé que, « pour obéir au sieur *Ingrain*, *Lasceux* est obligé de prendre un commis de plus, pour toucher à sa place, soit à Sainte-Aure, soit aux Mathurins ». La Compagnie devrait donc exiger que le titulaire fasse son service à Saint-Étienne-du-Mont. Il fut décidé que l'organiste serait entendu en ses explications sur son inexactitude. Le registre n'en dit pas davantage. *Lasceux* est nommé comme titulaire en 1774 [1].

On voit, par les pièces publiées par M. G. Cucuel, que la fille de l'artiste, Marie Ingrain, épousa, en l'église Saint-Benoit, le 26 octobre 1769, le facteur d'orgues Nicolas *Somer*, qui mourut peu après, le 21 juillet 1771. Il résulte d'un inventaire des meubles du défunt, dressé le 29 juillet par le notaire Garcerand, que N. Somer avait chez lui le portrait de son beau-père *Ingrain* [2].

La Bibliothèque Nationale ne possède aucune œuvre de cet artiste.

Isoré. Dans ses souvenirs sur l'abbaye de Saint-Denis [3], F.-A. Gautier écrit qu'*Isoré* avait été titulaire de l'orgue, vers 1708. Il raconte sur lui des anecdotes, mais ne fournit aucune précision. *Isoré* remplissait les fonctions d'organiste à Notre-Dame, à la Sainte-Chapelle, à Saint-Germain-des-Prés et ailleurs.

Sa mort date de 1733 ; un service funèbre célébré à l'Oratoire « à la mémoire des musiciens décédés dans l'année », le comprit parmi ces derniers, avec J.-B. Moreau, Lalande, Boyvin, Lejeune, etc. [4].

Jolage et Jollage (Charles-Alexandre). Date de naissance ignorée. Organiste des Augustins réformés dits *Petits Pères*, il se faisait entendre en 1751 au Concert spirituel [5]. En 1759, Jèze le cite comme organiste de Notre-Dame (pour le 4e quartier).

D'après Choron-Fayolle, *Jolage* serait mort vers 1775. Erreur absolue. Son décès date de 1761, car le 7 avril de cette année, l'Ordre des Augustins réformés invoque ce décès pour lui donner comme successeur *Joinville*, avec 200 livres d'honoraires, plus 6 livres pour les céré-

1. Reg. H5 4361*.

2. Article cité. Ce mariage et les relations d'amitié du facteur avec l'organiste expliquent que la fille de celui-ci se soit portée caution pour Somer au moyen d'un contrat de rente de 150 livres sur les aydes et gabelles ; Somer était en retard pour l'exécution d'un marché conclu en 1766 pour la restauration de l'orgue. On craignait qu'il ne devint insolvable (Reg. LL 709).

3. Intitulés : *Recueil d'anecdotes et autres objets curieux relatifs à l'histoire de Saint Denis en France, pour faire suite au livre de Félibien*. Bibl. Natle, man. cité. C'est un mélange indigeste de compilations, de réflexions oiseuses et de *choses vues*, très intéressantes.

4. *Mercure de France* du 14 décembre 1733.

5. *Ibid.*

monies extraordinaires [1]. *Joinville* obtint encore par la suite, en 1770 et en 1784, deux augmentations de 50 livres, la dernière à charge de remplacer le facteur Clicquot pour l'accord et l'entretien de l'orgue. Il paraît avoir tenu cet orgue jusqu'à la Révolution. Toutefois, le 28 janvier 1786, il fit agréer comme survivancier son propre neveu *Fressancourt*.

A la Bibliothèque Nationale on trouve, sous le nom de *Jolage*, 3 petits menuets en *la* (P. 96, 97 du Recueil factice Vm⁷ 4872).

Lefèvre ou Lefebvre. *Lefèvre* est cité par Jèze en 1759 comme organiste de Saint-Louis-en-l'Isle. Il figure en cette qualité sur les registres de comptes de la fabrique (H^{5} 4518) [1] avec 339 livres d'honoraires annuels, dont 30 pour le souffleur, jusqu'en 1763. Il décède en cette année (fin juillet ou mois d'août), car les comptes inscrivent 206 l. 8 sols (versés à ses héritiers sans doute) et on lui donne pour successeur la demoiselle *Bouchard* (voir ce nom, 2ᵉ période), qui reçoit 110 livres.

La liste de ses œuvres est donnée par le Catalogue Ecorcheville. Quant à l'opéra-comique, *l'Embarras du Choix*, dont Grimm rend compte dans sa Correspondance, il est du violoniste Th. *Lefebvre*.

Un organiste du même nom, André *Lefèvre*, né à Péronne, mort à Paris en 1786, touchait l'orgue des Blancs-Manteaux de 1763 à 1767, à 100 livres, puis 150 livres d'honoraires [3]. Il diffère évidemment du précédent.

Le Grand (J.-P.). Date de naissance inconnue. *Le Grand* est cité par Jèze en 1759 comme organiste de Saint-Germain-des-Prés. En outre, il fut d'abord rétribué par l'abbé *Moulnory* (voir ce nom), maître de chapelle, pour tenir l'orgue de Saint-Nicolas-des-Champs, vacant par la retraite de Joachim *Gigault* (voir ce nom). Il céda sa place en 1765 à *Moulnory*, puis la reprit jusqu'à sa mort (30 novembre 1773) [4]; il eut de même, depuis juillet 1772, l'orgue des Cordeliers [5].

Auparavant, d'après Michel Brenet, il était, en 1763, organiste de Saint-Côme. En réalité, d'après le registre de comptabilité de la fabrique, il l'était déjà en 1760, avec 160 livres d'honoraires [6].

Moulnory ou Maunoury. Dates de naissance et de décès ignorées, ainsi que celle de ses débuts. Il devait avoir, en 1706, l'orgue de Notre-Dame-de-Bonne-Nouvelle, si c'est lui qui, le 11 septembre 1706, est cité, au registre des délibérations de la fabrique comme l'un des concurrents de *Dornel* (voir ce nom), qui l'emporta sur ses rivaux. Exerçant à Saint-Nicolas-des-Champs les fonctions de maître de chant et des enfants de chœur, il fut choisi pour succéder à J. *Gigault* comme organiste, en 1745; puis de 1761 à 1765, redevint maître de chapelle

1. Reg. des délibérations capitulaires LL 1478. Le registre antérieur LL 1477 finit en 1723; il ne fait pas mention de la date de l'engagement de Jolage.
2. Tome XV (janvier 1789).
3. Arch. Nat. Reg. H^{b} 3914.
4. Reg. H^{b} 4545 et 4547.
5. Après la mort de *Daquin* (Reg. de comptabilité H^{b} 3945*). Il touchait 460 l. par an, à Saint-Nicolas et 200 l. chez les Cordeliers.
6 Reg. H^{b} 4321.

de la même paroisse [1]; après le premier trimestre, il en fut organiste à titre provisoire.

Noblet (Charles). Organiste à Paris, de 1730 à 1750, selon Choron et Fayolle. D'après l'ouvrage anonyme, *la Musique à Abbeville*, *Noblet* serait né en cette ville en 1715 et serait décédé en 1769. Le 2 mars 1739, il obtint l'orgue de la Madeleine en la Cité. Il fut organiste des Jacobins de la rue Saint-Honoré, de 1762 à 1768 [2]. Il l'était aussi des Mathurins [3]. Jèze le cite au nombre des Maîtres de clavecin et donne son adresse rue Froimanteau. Claveciniste de l'Opéra, il prit sa retraite en 1762.

Une demoiselle *Noblet*, sa fille probablement, tenait l'orgue de la collégiale Sainte-Opportune : elle figure pour 30 livres de rétribution au registre H5 3485 en 1770, pour 60 livres en 1785.

Pour ses œuvres, voir Fétis. Aucune n'est à la Bibliothèque Nationale.

Thomelin (les). Il est probable que les organistes de ce nom, au xviiie siècle, appartenaient à la même famille que le *Thomelin* du xviie (voir plus haut). Dans l'article déjà cité, Th. Lhuillier mentionne deux *Thomelin*, organistes à Melun, le sieur Louis-Antoine à Saint-Aspais en 1746, et Louis-Jacques à Notre-Dame en 1764. Est-ce l'un de ces *Thomelin* qui devint organiste des Carmes de la place Maubert, de 1746 à janvier 1751 [4] et qui eut pour successeur *Ingrain* ? (Voir ci-dessus.) Après son décès, sa veuve reçut de l'Ordre une pension de 60 livres par an, égale à la moitié des appointements de l'artiste, pension qui prit fin en 1753.

C'est probablement un fils ou un neveu de ce dernier que nous trouvons organiste des Théatins, de 1771 à 1782 [5], et de la Madeleine en la Cité jusqu'en 1791 [6] et qui est désigné en 1788, par le *Calendrier musical*, comme professeur de clavecin. Il touchait aux Théatins 100 livres et à la Madeleine 170 livres d'honoraires par an.

Œuvres. — La Bibliothèque Nationale ne possède pas d'œuvres des *Thomelin*.

Vaudry (Edme). Eut l'honneur de concourir en 1727 contre *Rameau* et *Daquin* (voir ce nom), pour l'orgue de la paroisse Saint-Paul. En 1737, il obtint la place d'organiste de Saint-Jean-en-Grève dont il touchait l'orgue depuis le décès de *Houssu* (voir ce nom). Son engagement lui défendait d'en toucher aucun autre et l'obligeait « à faire une pension de 50 livres à la dame veuve Houssu, jusqu'à son décès » [7].

2e période.

Balbastre ou Balbatre (Claude). Rédiger une biographie exacte des artistes célèbres, n'est pas chose aisée ! *Trois* dates différentes ont été

1. Reg. H5 4545-4547.
2. Reg. H5 1965 et 1966.
3. J'ai trouvé son nom à leur registre de comptabilité H5 3986, de 1748 à 1764. Il avait 120 l. d'honoraires.
4. Reg. de dépenses H5 3928.
5. Reg. de comptabilité H5 4656*.
6. Reg. de comptabilité H5 4735 4.
7. Arch. nat. LL 663 (no 11).

attribuées à la naissance de *Balbastre*. Fétis indique celle du 8 décembre 1729 ; l'acte de décès, dont copie se trouve aux Archives de la Seine (État civil), le fait mourir en 1799, *âgé de 75 ans*, ce qui reporte sa naissance à 1724. Enfin son acte de baptême, conservé aux Archives municipales de Dijon [1], en fixe le jour au 28 janvier 1727. Cette pièce paraît devoir faire foi.

Né à Dijon, fils de Bénigne Balbastre et de Marie Millot, son épouse [2], Claude fut baptisé à la paroisse Notre-Dame.

Déjà en possession d'un talent éprouvé comme organiste à la cathédrale de Dijon [3], *Balbâtre* arriva à Paris le 16 octobre 1750. Il se fit entendre au concert spirituel et y exécuta, en 1755, un concerto sur l'orgue. Admis à Saint-Roch, le 26 mars 1756, comme survivancier de *Landrin*, organiste du Roi, il eut l'idée d'y jouer des *Noëls* que la foule se pressait d'aller entendre chaque hiver, au point que l'Archevêque de Paris lui interdit de les exécuter à la messe de minuit, à cause des désordres causés dans l'église par l'affluence des auditeurs.

Le 1er octobre 1760, il obtint à Notre-Dame la place que tenait *de Housset* (voir ce nom), décédé subitement le 19 mai ; il était maître de clavecin de la Reine Marie-Antoinette [4]. Il enseignait aussi le clavecin chez les Bernardines de l'abbaye de Panthémont [5], rue de Grenelle, dont il était l'organiste, et chez celles de l'abbaye Notre-Dame-aux-Bois. *Balbâtre* avait même placé des fonds chez les Bernardines de Panthémont, car elles lui avaient consenti une rente de 1008 livres, en deux contrats, l'un de 408 livres, souscrit le 4 janvier 1785, l'autre de 600 livres, daté du 1er juillet 1786. Après la fermeture du couvent en 1790, la municipalité reconnut la dette de la communauté ; les arrérages en furent payés jusqu'au 1er janvier 1792 [6].

En 1788, *Balbâtre* demeurait rue d'Argenteuil. C'est là que Burney lui avait rendu visite en 1776. Il nous a laissé des détails sur ce maître à la mode, dans le récit de son voyage en France. Après avoir joué pour lui sur l'orgue de Saint-Roch, *Balbâtre* l'invita « à aller voir chez lui un beau Ruckers qu'il avait fait peindre au dedans et en dehors, avec autant de soin que le plus beau carrosse ou la plus belle tabatière que j'eusse jamais vue de ma vie. Le dehors représentait la *Naissance de Vénus* ; au dedans et sur le dessus, on voyait l'histoire du plus fameux opéra de Rameau, *Castor et Pollux* : ... *la Terre*, *l'Enfer et l'Elysée* et, dans l'*Elysée*, le compositeur assis sur un banc, la lyre à la main. Son

1. B. 568, fol. 147. M. Oursel, bibliothécaire de la ville, a eu l'obligeance de le consulter pour moi.

2. Les noms de ses père et mère sont rappelés sur l'acte de décès précité.

3. Sur un recueil de *Pièces de clavecin* (avec 2 fugues pour l'orgue) de 1748, catalogué à la Réserve du Conservatoire de musique (n° 672), l'auteur revendique ce titre.

4. *Dictionnaire historique de Paris*, en 4 vol. in-8°, 1779, article *Saint Roch*.

5. Il se donne ce titre sur la couverture de son 1er livre de *Pièces de clavecin*, édité en 1759.

6. Lettre du Directoire départemental du 20 décembre 1791, Arch. Nat. S. 4.506.

portrait est très ressemblant, car je me rappelle avoir vu Rameau en 1764 » [1].

Pendant la Révolution, l'organiste de Monsieur, frère du Roy, le maître de clavecin de la Reine et « de S. A. S. Mgr le Duc de Chartres » [2], pour donner des gages au régime, composa des pièces patriotiques et descriptives, entre autres une *Bataille de Fleurus* et registra *l'Hymne des Marseillais*. Néanmoins la Révolution, qui lui enleva toutes ses places, lui fit subir de très fortes pertes pécuniaires. *Balbâtre* mourut en son domicile à Paris, 181, rue d'Argenteuil, le 20 floréal an VII, c'est-à-dire le 9 mai (et non le 9 avril) 1799 [3]. Il laissait une veuve, née Marie-Anne-Toinette Boisseau.

Œuvres. — 1er livre de *Pièces de clavecin*, « dédié à Mme de Caze, trésorière générale des postes et relais de France et fermière générale », 1759, à Paris, chez l'auteur, in-fol. (Vm7 1940) ;

Un autre recueil, manuscrit (Vm7 1941) contient, attribuées à Balbastre, diverses pièces intitulées : *la Boufflers*, *Andante*, air de petits cors, air de flûte et violoncelle, la *Chanteloup*, *Chasse*, *Musette et Pastorale*, très faciles et sans réelle valeur ;

Recueil d'airs choisis de plusieurs opéras accommodés pour le clavecin, par M. Balbastre, Paris, s. d. m., in-4° (Vm7 2108) ;

Recueil de *Noëls* formant quatre suites, avec des variations pour le clavecin ou le *forte piano* dédié à Mme la duchesse de Choiseul [4], Paris, chez l'auteur, s. d., in-fol. oblong (Vm7 5741) ;

Sonates en quatuor pour le clavecin ou le *forte-piano*, avec accompagnement de 2 violons, une basse et 2 cors *ad libitum*, dédiées à Mlle de Lamoignon [5].

La Bibliothèque du Conservatoire (n° 672, Catal. Réserve) possède le recueil manuscrit dont il a été question ci-dessus.

Beauvarlet-Charpentier (Jean-Jacques), dit *Beauvarlet-Charpentier* père, né à Abbeville, en 1730, d'après Fétis. C'est une erreur. Voici la date exacte de la naissance ; M. René Crusel, — que je remercie cordialement de son obligeance, — l'a relevée, aux Archives municipales, d'après les actes de baptême de la paroisse Sainte-Catherine. Jean-Jacques est né le 28 juin 1734 ; il était fils *légitime* « de Jean-Baptiste *Beauvarlet* [6], marchand teinturier, et de la damoiselle Marie-Jeanne

1. Outre ce magnifique instrument au son délicat, Balbâtre avait chez lui un orgue à pédales très grand, mais fort bruyant. Burney, *De l'état présent de la Musique en France, en Allemagne et en Italie*, trad. Brack. 3 vol. in-8°, Gênes, 1809.

2. Il revendique ce titre sur la couverture de son Op. 3, *Sonates en quatuor pour le clavecin*.

3. Archives de la Seine. Etat civil. Sur deux de ses recueils, Balbâtre indique cette adresse : rue d'Argenteuil, passage de Saint-Roch.

4. D'après les termes de la dédicace, c'est elle qui aurait engagé l'auteur à *varier* pour le clavecin des *Noëls* « consacrés par le suffrage du public ». Plusieurs d'entre eux sont bourguignons.

5. « En hommage aux talents qu'il a formés et vus naître ».

6. Dans sa biographie d'Abbeville, Louandre commet une double erreur lorsqu'il affirme que Jean-Jacques Beauvarlet était « fils naturel de Philippe Beauvarlet, organiste de la paroisse Saint-Paul à Paris, né à Abbeville le 17 décembre 1762 », d'a-

Elizabeth *Demouchy*, son épouze, de cette paroisse ». Il eut pour parrain son aïeul paternel, Jacques *Beauvarlet*, et pour marraine, son « aïeule maternelle, damoizelle Catérine *Lennel*, épouze dudit sieur Jacques Beauvarlet ». L'acte de baptême, signé du curé Delattre, est du 29ᵉ jour de juin 1734.

Jean-Jacques *Beauvarlet* fut organiste à Saint-Paul de Lyon. Il épousa en cette ville Marie Birol dont il eut Jacques-Marie *Beauvarlet* [1]. Jal, qui relate ce mariage, dit qu'il ne peut affirmer que la rencontre de *Beauvarlet* avec Jean-Jacques Rousseau à Lyon ait eu lieu ; celui-ci n'en parle ni dans ses *Confessions*, ni dans sa correspondance. D'après Fétis, Mgr de Montazet, archevêque de Lyon, aurait fait attribuer à Jean-Jacques *Beauvarlet* en 1771, l'orgue de l'abbaye de Saint-Victor dont il était abbé. L'année suivante, l'artiste obtint au concours celui de la paroisse Saint-Paul, laissé vacant par la mort de Daquin (15 juin) [2].

Beauvarlet-Charpentier fut aussi organiste de la chapelle Saint-Eloi des Orfèvres, à 130 livres par an [3], jusqu'à la Révolution, et de Notre-Dame (par quartier). En 1793, la fermeture des églises et la suppression des orgues de Saint-Victor et de Saint-Paul, lui causa une telle émotion qu'il mourut le 6 mai 1794 [4]. Son fils, Jacques-Marie *Beauvarlet-Charpentier*, dont il sera question ci-après, lui avait souvent servi de suppléant, soit à Saint-Paul, soit à Notre-Dame.

Œuvres. — Dans la période de son séjour à Lyon, *Beauvarlet* père avait publié 2 Recueils d'ariettes d'opéras bouffons les plus choisis, ajustées pour le clavecin avec accompagnement de violon obligé et 2 cors de chasse *ad libitum*. Elles sont tirées, pour le premier livre, du *Cadi Dupé*, de *le Roi et le Fermier*, de *la Fée Urgèle*, *le Jardinier et son Seigneur*, *le Maréchal*, *le Jardinier de Sidon*, *le Maître en droit* ; le trio de *Rose et Colas* y est « traité en fugue ». Le second recueil tire ses airs du *Sorcier*, du *Jardinier et son Seigneur*, de *la Clochette*, de *Sancho Pança*, du *Rendez-vous*, de *Rose et Colas*, de *Blaise le Savetier*, du *Huron* et du *Diable à quatre*.

bord parce que l'acte de baptême donne le nom du père *légitime*, ensuite parce que l'église Saint-Paul de Paris n'a pas eu d'organiste nommé Philippe Beauvarlet. C'est *Buterne* (voir ce nom) qui succéda à *Henri du Mont*, *Daquin* à *Buterne* et *Beauvarlet* (Jean-Jacques) à *Daquin*.

1. Devenue veuve, celle-ci se fit d'abord institutrice, puis le 2 ventôse an VI (20 février 1798), épousa Jean-Simon Jeanroy. Elle mourut le 16 avril 1798, âgée de 54 ans.

2. D'après le registre de comptabilité de la fabrique Hᵇ 4601 (année 1772-1773), le premier trimestre fut payé à Daquin fils pour être remis à son père (100 l.). A un autre chapitre, le comptable inscrit 48 l. payées à M. *Fraguier*, organiste, suivant sa quittance du 27 juin 1772, « pour avoir touché l'orgue à 25 offices entre la mort de Daquin et l'installation de son successeur ». Beauvarlet-Charpentier reçoit 300 livres pour les trimestres de juillet et octobre 1772, de janvier 1773.

3. Arch. Nat. K. 1042 (année 1777).

4. 17 floréal an II. Cette date est donnée par Jal, qui dit avoir vu l'acte de décès (*Dictionnaire biographique*). Beauvarlet demeurait alors rue Gervais, nº 562, section de *l'Indivisibilité*.

Jean-Jacques Beauvarlet était cousin germain du célèbre graveur Jacques-Firmin Beauvarlet, né le 25 septembre 1734, à Abbeville, mort à Paris, le 9 décembre 1798.

Il est assez difficile de distinguer, d'après les fiches de la Bibliothèque Nationale, les œuvres du père de celles du fils, vu l'absence de prénoms. Celles du père portent plutôt le nom de *Charpentier*.

Ainsi les *Feuilles de Terpsichore*, élégante publication hebdomadaire à couverture encadrée de guirlandes de roses et d'attributs de musique gravés, paraissant chez le sieur Cousineau, luthier, rue des Poulies, éditaient un arrangement pour le clavecin, avec accompagnement de violon, par M. Charpentier, « organiste de l'église de Paris », de l'ouverture de *la Dot*, opéra-comique de Dalayrac. Il réduisit aussi pour le clavecin celle d'*Œdipe à Colone*.

En outre, Beauvarlet Charpentier père avait composé 6 *Pièces* et 6 *Fugues pour orgue* (op. I, VI), 3 *Magnifical* (op. VII), un *Journal d'orgue à l'usage des paroisses et communautés religieuses, contenant messes, hymnes, magnificats et autres hymnes pour toutes les fêtes de l'année*[1] et 2 *Concertos pour le clavecin* (*ou le forte-piano*), op. X, Vm[7] 5976.

Dans un article récent sur *N.-J. Hullmandel* (*Revue musicale* d'avril 1923), M.-J. de Saint-Foix cite plusieurs recueils de sonates de clavecin ou piano-forte, avec accompagnement de violon, publiés par *Beauvarlet-Charpentier* (op. II, en 1773 ; op. III, de 1775 ; op. IV, Bibl. Nat. Vm[7] 5372, 5373 ; op. VIII, Vm[7] 5374).

Beauvarlet-Charpentier fils. *Beauvarlet-Charpentier* (Jacques-Marie), né à Lyon, le 3 juillet 1766, fit ses débuts d'organiste en cette ville, à l'église Saint-Paul. Admis comme survivancier de son père à la paroisse Saint-Paul, de Paris, il le suppléait assez fréquemment. La Révolution qui le déposséda de son emploi, lui en fournit un dans les bureaux. A la reprise du culte, sous le Consulat, il obtint l'orgue de Saint-Germain-l'Auxerrois qu'il avait tenu déjà aux cérémonies des Théophilanthropes, célébrées dans cette église (*Temple de la Renaissance*).

Sous l'Empire, il fut organiste de Saint-Germain-des-Prés, puis en 1815, de Saint-Eustache, après la mort de *Miroir* (voir ce nom)[2]. Il eut, sans doute quelques années après, l'orgue de l'église Saint-Paul-Saint-Louis et celui de la Chapelle des Missions étrangères. A cette époque (1822), il faisait paraître un *Journal d'orgue*, en 6 cahiers par an, à dater du 1er mars[3]. En outre, établi 27, rue Poissonnière, près la rue Montmartre[4], il faisait le commerce de musique et d'instruments.

Beauvarlet-Charpentier fils paraît avoir pratiqué très opportunément l'art des opinions politiques successives. En 1792, d'après Fétis, il serait allé défendre la frontière avec les volontaires[5] ; en 1793, il affichait des opinions républicaines véhémentes et tonnait contre les tyrans. Sous

1. Probablement avant 1780, car l'abonnement de la fabrique de Rethel (Saint-Nicolas) est signalé entre 1780 et 1782, aux Archives départementales des Ardennes (G. 225).

2. L'abbé Ply, *la Facture d'orgue à l'église Saint-Eustache*, 1 vol. in-8.

3. Seule, la 1re livraison existe à la Bibliothèque Nationale ; elle contient des marches, le *Veni Creator*, des sorties.

4. Adresse indiquée sur son recueil de 15 *Noëls*.

5. Notice nécrologique dans la *Revue musicale* du 9 novembre 1834.

l'Empire, il compose une *Bataille d'Austerlitz*, pièce militaire et historique pour le *forte-piano*[1], une *Bataille d'Iéna* (1807) ; il dédie 6 *Magnificat* pour l'orgue « au clergé de l'Empire français ». Sous la Restauration, il met en musique un hymne royaliste, intitulé le *God save the King des Français* dont les paroles ont été adaptées par le chevalier de Piis, type accompli de girouette politique, au thème de l'hymne anglais[2] ; il publie plusieurs messes dont chacune contient une *Prière pour le roi* et 3 *Domine salvum fac Regem*.

A sa mort, survenue le 7 septembre 1834[3], — et non le 20, comme le dit l'abbé Ply, il demeurait 29, place Dauphine.

Œuvres. — La Bibliothèque Nationale possède un assez grand nombre d'œuvres religieuses ou profanes de *Beauvarlet-Charpentier* fils : le *Journal d'orgue* en 6 cahiers (une seule livraison) Vm[11] 115 ; 6 Hymnes pour les principales fêtes de l'année, avec fugue et autres versets, précédées de la prose du jour de Pâques, de l'*Inviolata*, de l'*Ave verum* et d'un Carillon des Morts, composé pour l'orgue, Vm[11] 116 ;

Les 6 *Magnificat* pour l'orgue, avec intonation dans le ton du plain-chant portent la cote V m[11] 117 ;

15 *Noëls*, suivis de l'air : *Où peut-on être mieux qu'au sein de sa famille?* (quatuor tiré de *Lucile* de Grétry)[4]. Chacun d'eux comporte plusieurs variations. Vm[11] 119 ;

3 *Messes pour les grandes solennités* composées pour l'orgue. Prix 12 l.

1. Elle a pour sous-titre : *La Journée des trois Empereurs* ; elle est dédiée à la Grande Armée et précédée « de réjouissances au camp, pour l'anniversaire du couronnement de S. M. l'Empereur Napoléon ». La musique est une symphonie à programme : « Ordre de M. l'Empereur pour une retraite feinte, marche solennelle (en *ré*). Calme de la nuit passée au bivouac. Les soldats célèbrent l'anniversaire du sacre. Illuminations, fanfares. Puis c'est la bataille, avec ses épisodes : combats entre l'infanterie et les cavaleries russe et française, sonneries de trompettes, *coups de sabre*. Les colonnes russes sont précipitées dans des lacs immenses, traits chromatiques. Reddition de l'ennemi, victoire annoncée par les trompettes. *Accents plaintifs des blessés*. L'Empereur visite le champ de bataille ; cris de *Vive l'Empereur !* Les soldats français font exécuter des *walses* par les musiciens de la Garde impériale russe faits prisonniers. Allégresse des Français (marche à 4/4 en *ré*). Pas redoublé à 3/8. Coups de canon !

2. Voici les paroles de la première strophe :

Des Bourbons généreux
Le retour en ces lieux
Comble nos vœux.
Avec eux et par eux
Ainsi que nos aïeux,
Soyons heureux !
Nos yeux sont éblouis,
Nos maux évanouis,
Nos cœurs épanouis.
Vive Louis !

Les autres concluent par ces vœux :

Vivent les lys !
Vivent les rois !

3. Date relevée aux Archives de la Seine (Etat civil, décès).

4. Un *nota* avertit les amateurs que ce morceau peut s'exécuter dans différentes circonstances, telles que mariages, fêtes publiques.

chez l'auteur, à l'entrée du faubourg du Temple et de la rue des Marais n° 2 (messe de Du Mont, versets de Beauvarlet-Charpentier) ;

Messe des grands solennels (versets, fugue) ;

Messe pour les solennels mineurs (versets, fugue, symphonie pour l'Offertoire) ;

Te Deum en musique et *Te Deum* en plain-chant ;

5 chants d'église : le *Credo* de Du Mont, l'*Adeste fideles*, le *Tantum ergo*, l'*Adoremus* et *O filii* à une, deux, trois ou quatre voix à volonté, avec accompagnement d'orgue ou de piano ;

O salutaris et 3 *Domine, salvum fac Regem*, à voix seule, avec accompagnement d'orgue ou de piano ;

Dans le genre profane, deux réductions à 4 mains pour le *forte piano* : 1° de l'ouverture de *Richard Cœur de Lion*, Paris, s. d., in-fol., Vm[7] 10. 407-408 ; 2° de celle de *Zaïre* de Winter (Vm[7] 12. 526-527) ; enfin plusieurs romances [1] :

Le Bouclier du guerrier amoureux, in-fol., Vm[7] 18.942 ;

Le Comte Ory, anecdote du XIIIe siècle (*sic*) in-fol., Vm[7] 18.949 ;

Le Torrent, chant d'amour imité du persan (paroles de Millevoye), de qui il a mis en musique aussi une pièce intitulée : *Heure du soir*, in-fol., Vm[7] 18.944 et 18.950.

Quant au recueil d'*Airs, romances et chansons*, avec accompagnement de *forte-piano* s. d., in fol. (Vm[7] 7598 et 8250), rien n'indique s'il a été composé par le père ou par le fils : mais il est plus vraisemblable qu'il est du père, ainsi que les *Airs variés* à 4 mains pour clavecin (op. XIV).

BLIN dit aussi : *Blin de Lacodre*, voir LACODRE (François).

BONJOUR (Charles). D'après Choron-Fayolle et Fétis, il serait né à Paris, mais ils n'indiquent pas à quelle date. Ce dernier assure que Bonjour vivait encore en 1804 ; en 1788, le *Calendrier musical* donne son adresse : rue Saint-André-des-Arts. *Bonjour* fut organiste de l'Ecole Militaire en 1786 ; il succédait à *Taperay* (voir ce nom). Il était encore titulaire de cet orgue au moment de la Révolution.

ŒUVRES. — La Bibliothèque Nationale possède de lui :

3 *Sonates en trio pour le clavecin* (*ou le forte-piano*) avec accompagnement de *violon et basse* (op. 6), s. d., in-folio (Vm[7] 5362) ;

Distractions musicales ou préludes suivis d'un *Caprice pour le Clavecin* ou le *forte-piano*, dédiées à Madame de Rosières (op. 8). Paris, chez l'auteur, s. d., in-folio) Vm[7] 5323).

Il est aussi l'auteur des *Nouveaux Principes de Musique*, abrégés et détaillés d'un manière claire et facile, Paris, chez l'auteur, s. d., in-folio (Vm[8] 80) [2]. Il a fait aussi de l'édition musicale et publié une partie des œuvres de J.-F. *Taperay*.

La demoiselle BOUCHARD. Dates de naissance et de décès ignorées. Dans le courant de 1764, elle est admise à Saint-Louis-en-l'Isle pour succé-

1. Ecrites suivant la mode du temps, avec un accompagnement « pour lyre ou guitare », elles datent évidemment de l'Empire et de la Restauration.
2. Fétis date cet ouvrage de 1800.

der comme organiste à *Lefèvre* (voir ce nom, 1re période) avec des honoraires égaux : 330 livres dont 30 pour le souffleur. La première année, elle ne reçoit que 110 livres ; elle remplit cette fonction au moins jusqu'à 1781 (Reg. H³ 4518, 1, 2, 3, 4 et 5). Il y a, dans la suite des registres de comptabilité de la fabrique, une lacune entre cette année et 1789, de sorte qu'on ignore à quelle date elle dut cesser son emploi. *Miroir* aîné en hérite. Il est mentionné en 1790, comme recevant une rétribution de 436 livres (dont 36 pour le souffleur), à charge de servir une pension de 200 livres à la demoiselle *Bouchard*[1].

Chauvet. Deux artistes de cette époque ont porté ce nom : François, l'organiste aveugle nommé par Fétis et Nicolas-Jean-Pierre qui dut, au moins à la fin de sa vie, être atteint de la même infirmité, car il est mort à l'hospice des *Quinze-Vingts*.

Chauvet (François). D'après Fétis, François *Chauvet* devint, en 1785, organiste de la Congrégation de Saint-Lazare. Fétis se trompe. *Chauvet* commença de toucher l'orgue à Saint-Lazare le jeudi saint 27 mai 1777. Il conserva cette place jusqu'au 31 août 1792. Elle lui valait 156 livres par an[2].

Chauvet (Nicolas-Jean-Pierre). Selon Fétis, Fr. *Chauvet* avait un frère plus jeune. Il s'agit évidemment de Nicolas-Jean-Pierre *Chauvet* qui, d'après la notice de Lhuillier[3], avait été nommé, en 1767, organiste de la paroisse de Brie-Comte-Robert, avec 324 livres de gages, et précédemment à Paris, de Saint-Hilaire-du-Mont. Il resta peu de temps à Brie-Comte-Robert, car, en 1778, il fut choisi pour tenir l'orgue de Notre-Dame-de-Bonne-Nouvelle[4].

Le 6 janvier 1778, il fut proposé comme survivancier par *Dufour* (voir ce nom, 1re période), titulaire de l'orgue de Saint-Laurent, et admis comme tel par le conseil de fabrique. En 1770, il est vrai, le compte *Dépenses*[5] ne présente pas de rémunération pour l'organiste ; mais au chapitre vi, sont inscrites 60 livres de gratification à *Chauvet*, à la date du 6 avril 1780. Il conserva ces deux places jusqu'à la Révolution et à la cessation du culte[6]. Le *Journal de Paris*, de 1788, qui lui attribue le titre d'organiste de Mgr le Duc d'Angoulême, parle des auditions données par *Chauvet* à Notre-Dame-de-Bonne-Nouvelle et à Saint-Laurent.

D'après son acte de décès[7], *Chauvet* (Nicolas-Jean-Pierre) est mort à l'hospice des *Quinze-Vingts*, le 2 ventôse an XII (22 février 1804).

Œuvres. — La Bibliothèque Nationale ne possède aucune production musicale des frères *Chauvet*.

1. Reg. H³ 4518ᵉ.
2. Reg. de comptabilité des Pères de Saint-Lazare H³ 3571ᵉ.
3. Article cité.
4. Date indiquée dans le registre de comptabilité H³ 4517 *bis*, de la fabrique de Saint-Laurent.
5. Reg. H³ 4517.
6. Le *Calendrier musical*, en 1788, le cite comme organiste de Saint-Laurent.
7. Archives de la Seine (État civil). L'acte est signé par son fils : Pierre-Louis Chauvet, propriétaire, âgé de 41 ans, et par Charles Raphaël, artiste âgé de 35 ans.

Desprès ou Desprez. Mort à Paris, le 20 septembre 1806. La date de sa naissance [1] et ses prénoms n'ont pu être découverts. Le Dictionnaire de Choron-Fayolle le donne comme organiste de Saint-Merry et de Saint-Nicolas-des-Champs. Il obtint la place de *Forqueray* à Saint-Merry, en 1762. Celui-ci l'avait désigné comme survivancier, après la mort de *Drouard de Bousset* (voir ce nom, 1re période) décédé le 15 juin 1760.

En 1766, il n'est plus question de *Després*, sur le registre de comptabilité. Cependant il conserva cette place jusqu'à la Révolution. Ses honoraires étaient de 300 livres, ayant été réduits à ce taux par la délibération du 8 janvier 1788 [2].

Aux Saints-Innocents, *Després* succéda aussi à *Forqueray* dont il était le commis [3]. En 1762, ses honoraires sont de 300 livres. [4].

Il conserva cette place jusqu'en 1771 [5]. Il tenait aussi l'orgue du Saint-Sépulcre, rue Saint-Denis [6]. Il y recevait, en 1760, 75 livres par an. Il ne figure plus dans les comptes de cette congrégation, à partir de 1785. Cependant, c'est à ce titre que *Després* fut, en 1791, proposé pour une pension.

En 1788, d'après le *Calendrier musical*, *Després* était logé rue des Blancs-Manteaux ; en 1795, il demeure, 6, boulevard du Temple. Cette année-là, Saint-Merry fut une des premières églises parisiennes rouvertes au culte [7]. *Després*, qui figurait sur l'Etat des *Officiers* laïcs, dressé en 1793 par la paroisse pour la Municipalité, reprit ses fonctions. Le 13 pluviôse an IV, les administrateurs du culte allouent 300 l. à l'organiste pour les réparations à l'orgue. Celui-ci, laissé à l'abandon pendant plusieurs années, avait dû souffrir aussi de la fabrication du salpêtre dans l'église. C'est probablement au même titre que, le 30 mai 1796, le trésorier de l'Administration est autorisé à payer à *Després* 1.500 livres ; le 29 août, on lui en donne encore 48 et 6 livres au souffleur [8].

Le 5 juillet 1797, son traitement diminué est fixé à 150 livres, à charge d'accorder l'orgue ; en 1802, il est élevé à 200 livres par an [9]. *Després* conserva ses fonctions jusqu'en 1804.

En ce qui concerne Saint-Nicolas-des-Champs, il resta titulaire de

1. On peut cependant admettre qu'il naquit vers 1725, car, en 1760, il avait un fils Nicolas-Philippe, capable de tenir l'orgue à sa place, lorsqu'il fut admis comme survivancier de Forqueray à Saint-Merry. (Reg. des délib. du chapitre LL. 851).

2. Reg. H[5] 4544 *bis* pour l'année 1787-1788. Voir la notice sur *Forqueray*.

3. Délibération du conseil de fabrique du 6 mai 1761, Reg. H[5] 4937. Il reçoit cette année une partie des honoraires de Forqueray, 56 l. 5 sols, à raison de 30 livres par mois, soit 360 par an.

4. Reg. H[5] 4738.

5. Reg. des délib. du conseil LL 760.

6. Arch. Nat. F. [19]-470. Voir aussi *Tableau de Paris*, par Jèze.

7. Inventaire du 16 juillet.

8. Archives de la paroisse Saint-Merry D II (de 1796-1801). J'en dois la communication à l'obligeance de M. l'abbé Baloche aujourd'hui décédé.

9. *Ibid.*, D. II (1802-1813).

l'orgue et contribua même à le sauver de la destruction pendant la Terreur.

Després était aussi organiste de Notre-Dame, par quartier, avec *Balbâtre*, *N. Séjan* et *Beauvarlet-Charpentier*.

Parmi les œuvres publiées sous le nom de *Després*, qui se trouvent à la Bibliothèque Nationale, je n'en vois qu'une qui puisse lui être attribuée avec certitude : c'est le quatuor de *Lucile : Où peut-on être mieux qu'au sein de sa famille ?* arrangé en duo à 4 mains pour le piano, à Paris, chez l'auteur [1], boulevard du Temple, près de la rue de Xaintonge, n° 6, et chez MM. les marchands de musique.

Duchesne. Prénoms, date de naissance et de décès ignorés.

Un *Duchesne* est cité 1775, par le *Cabinet des loisirs* [2], comme organiste de la paroisse Saint-Marcel et des Jacobins Saint-Honoré. Il devait avoir aussi l'orgue de l'abbaye Sainte-Geneviève car, en 1790, elle faisait une rente de 100 livres, à «Claude-Denis-Paschal *Duchesne* [3], fils de feu le sieur *Duchesne*, organiste de l'abbaye ».

En 1788, le *Calendrier Musical* cite, parmi les professeurs de clavecin, un *Duchesne* demeurant rue Saint-Hyacinthe. Il y en a un, — est-ce le même ? — qui, à la Révolution, était organiste des Jacobins, rue Saint-Jacques, avec 130 livres d'honoraires par an, et à leur église de la rue Saint-Dominique (aujourd'hui Saint-Thomas d'Aquin), avec 200 livres [4].

Œuvres. — Je n'en ai pas trouvé sous ce nom.

Ferrand (Bénigne-François). Né en 1729. La date de sa mort n'a pu être déterminée. Le *Cabinet des loisirs* le fait demeurer 23, rue Aubry-le-Boucher [5] et le cite comme organiste de Saint-Josse. En effet, à la fin de 1770, il avait succédé à *Guichard*, organiste de cette paroisse. En cette qualité, *Ferrand* figure sur les registres de dépenses, pour 100 livres d'honoraires, plus 36 livres de la Compagnie de Saint-Fiacre, de 1771 à 1789 [6].

B.-F. Ferrand exerçait les mêmes fonctions à Saint-Pierre-des-Arcis, petite paroisse de la Cité, avec 201 livres de rétribution [7]. Dans la pétition qu'il adressa en 1790 (sans date) au Comité des Pensions de l'As-

1. « Le Cit. Desprez, ci-devant organiste de l'église métropolitaine de Paris et autres. » Quant aux autres publications, éditées sous le même nom, des romances pour la plupart, — elles paraissent d'une époque postérieure et provenir d'un autre *Desprez*, membre de la chapelle du Roi et qui tenait l'orgue du Conservatoire de musique en 1820. L'auteur revendique, du moins, ces deux titres. S'agit-il du fils ?

2. Ouv. cité.

3. Mention tirée de la Déclaration des biens et charges du 9 mars 1790 (S. 1540). Le texte donne même la date de naissance de ce fils : 29 novembre 1760.

On ne possède pas, aux Archives Nationales, les registres de comptabilité de Sainte-Geneviève, mais cette déclaration prouve que l'abbaye allouait 500 l. par an à son organiste dont le nom n'est malheureusement pas indiqué.

4. Déclaration de 1790, S. 7502 et reg. de comptabilité H[5] 3976.

5. En 1775 ; mais en 1788, le *Calendrier musical* donne son adresse rue Quincampoix.

6. Reg. H[5] 4496.

7. Reg. de comptabilité de la fabrique, pour 1788. H[5] 4643 *bis*.

semblée Constituante, en vue d'obtenir une place, ayant perdu ces deux emplois[1], il dit être depuis *douze* ans organiste de cette église et depuis 28 ans, celui de Saint-Josse[2].

Ferrand était le frère d'un facteur d'orgues que l'on voit souvent chargé, par les fabriques, de réparer ou d'entretenir les instruments joués par Bénigne-François.

Œuvres. — Dans un recueil manuscrit de morceaux de divers auteurs, à la Bibliothèque Nationale, j'ai trouvé, sous le nom de *Ferrand* (sans indication de prénom), un *Rondeau pour clavecin*, assez médiocre.

Fraguier ou Fraguière. Th. Lhuillier [3] cite *Fraguier*, organiste parisien, comme ayant été chargé de recevoir, à Montereau, en 1768, l'orgue de l'église de Notre-Dame, construit par un facteur de Provins, Pierre Clément. *Fraguier* devait, à ce moment, être organiste de la petite église Saint-Martin au faubourg Saint-Marcel, car le registre de comptabilité de la fabrique le cite comme titulaire en 1772[4]. Il figure aussi dans celle de la paroisse Saint-Paul, pour l'année 1773, comme ayant « touché l'orgue à 23 différents offices » entre la mort de *Daquin* père (voir ce nom) et l'installation de son successeur[5], *J.-J. Beauvarlet-Charpentier* (voir ce nom). Suivant sa quittance du 29 juin, il reçut pour cet intérim 48 livres de rétribution.

Gautier (Ferdinand-Albert). Fils de *Gautier* (Laurent-André), décédé à Paris le 3 août 1775[6] et qui fut avant lui organiste de l'abbaye de Saint-Denis, Ferdinand-Albert *Gautier* est né à Valenciennes ; il fut baptisé le 3 juin 1748, en la paroisse de Notre-Dame-la-Grande.

Ferdinand-Albert commença à suppléer son père le 30 novembre 1763, il le rappelle dans ses Souvenirs sur l'abbaye[7] ; à la mort de ce dernier, il obtint sa succession, avec 400 livres d'honoraires portés à 450 en 1790. Même les Bénédictins lui allouèrent alors 100 livres en plus, mais en lui supprimant sa nourriture. Ses fonctions lui furent confirmées par la municipalité de Saint-Denis le 9 janvier 1793 ; il les conserva jusqu'au 15 octobre 1793, jour de la cessation du culte, à l'abbaye. Conformément à la loi du 1er juillet 1792, il avait obtenu une pension de retraite de 133 livres 6 sols 8 deniers, en raison de ses trente ans de service consécutifs[8].

1. Arch. Nat. D XIX 90.753.
2. Ce qui implique qu'il avait dû suppléer *Guichard*. Voir les dates plus haut.
3. Article cite.
4. Reg. H[5] 3791*.
5. Reg. H[5] 4601*.
6. Laurent-André *Gautier* était né le 17 mars 1706, à Maubeuge. Au moment de la naissance de son fils, il était, aux termes de l'acte de baptême, « employé dans les fourrages » et marié à Charlotte Roland (Extrait des registres paroissiaux de Notre-Dame-la-Grande, Archives municipales de Valenciennes). Il faut admettre qu'en dehors de ses fonctions administratives, L.-A. Gautier avait appris sérieusement la musique, puisqu'il fut choisi comme organiste de l'abbaye de Saint-Denis, où cet art était en honneur et y exerça son emploi depuis le 15 octobre 1750 jusqu'à sa mort. Il avait même, en 1773, composé un *Livre d'orgue* qui, d'après le témoignage de son fils, fut en usage jusqu'en 1792.
7. Man. cité.
8. *Ibid.*, page 121.

Le *Calendrier musical* de 1788 loge F.-A. *Gautier*, rue Saint-Denis, vis-à-vis Saint-Chaumont, ce qui s'explique par le fait qu'en dehors de son service à l'abbaye, il tenait l'orgue de la paroisse Saint-Leu-Saint-Gilles. Marié à Marie-Françoise Poulain, il devait avoir épousé la fille de ce *Poulain*, cité par le *Gerber's Lexicon*, comme organiste de Saint-Leu en 1750 [1]. Gautier fait connaître qu'il était organiste des religieuses de Saint-Magloire dont la chapelle, également située rue Saint-Denis, fut démolie en 1797-1798 [2].

Au rétablissement du culte en 1802, F.-A. Gautier rentra en possession non de l'orgue de l'abbaye qui était démonté et hors de service, mais de celui de Saint-Leu, pour peu de temps, car il donna bientôt sa démission et fut reçu organiste de la cathédrale de Soissons, le 13 février 1804. Il prit ses fonctions le 15 mars suivant, jour de la réception de l'orgue de Dallery [3].

Veuf de Marie-Françoise Poulain, il mourut à Paris, le 4 novembre 1825, en son domicile, 4, rue des Marmousets, en la Cité [4].

Œuvres. — Je n'ai pas trouvé trace d'œuvres publiées sous le nom de *Gautier*, père ou fils. Ce dernier avait fait, pour Saint-Gervais de Soissons, un livre d'orgue, qui a été conservé.

Guichard. Est donné par Jèze en 1759, comme organiste de Saint-Josse. Le fait est confirmé par les registres de comptabilité de la paroisse qui le mentionnent en cette qualité de 1761 à 1770 et lui attribuent 100 livres d'honoraires [5]. En 1766, il était « commis » de *Desprès* et le remplaçait à l'orgue des Saints-Innocents. Il lui succéda en 1771 [6].

Lacodre, dit Blin. Né à Beaune le 19 juin 1757, d'après Fétis. L'acte de baptême, tiré des archives paroissiales de l'église Saint-Pierre, à Beaune (Côte-d'Or), donne la date du 21 juin. Les père et mère étaient Bertrand *Lacodre*, menuisier, et Jeanne *Gonas*, mariés.

Fétis explique que c'est par déférence pour un de ses oncles, organiste des Dominicains à Dijon, que le jeune *Lacodre* prit le nom de *Blin*. A l'âge de onze ans, il fut agréé comme organiste de la chapelle de l'hôpital du Saint-Esprit près Dijon. Puis il serait venu à Paris où il aurait reçu pour l'orgue des leçons de *Séjan* et pour la composition, celles de l'abbé Roze, maître de chapelle des Saints-Innocents.

En 1779, je le trouve organiste des Jacobins de la rue Saint Honoré, à 200 livres par an, comme ses prédécesseurs *Boileau*, *Noblet* et *Février* [7].

1. C'est une simple supposition. Je n'ai pu en contrôler le bien-fondé, les registres de Saint-Leu faisant défaut aux Archives Nationales.

2. Les registres de cette communauté (H^5 4176) ne mentionnent aucune rétribution d'organiste, du moins après 1753.

3. Je dois ce renseignement à M. G. Hestrest, maître de chapelle de la cathédrale de Soissons et je l'en remercie.

4. Archives de la Seine (Etat civil, décès). La déclaration est signée de Jean-Baptiste-Alexandre *Gautier*, professeur de musique, âgé de 46 ans, demeurant, 5, rue de la Vieille-Draperie, son fils, et de Henri-Pierre Galipe, peintre-vitrier, âgé de 50 ans, même adresse.

5. Reg. H^5 4496.

6. Reg. des délibérations de la fabrique LL 761.

7. Reg. de compt. de la Congrégation H^5 3965-3966.

En 1791, il obtint l'orgue de Saint-Germain-l'Auxerrois. Celui des Jacobins Saint-Honoré, démonté par Somer, ayant été affecté par les administrateurs du département à l'église Saint-Philippe-du-Roule, récemment construite et qui n'en possédait pas [1], *Blin* devait suivre le sort de son instrument et en redevenir le titulaire au faubourg Saint-Honoré. Mais le remontage se fit attendre, faute de tribune et ce fut seulement en 1799 que *Blin* fut désigné, par l'Administration départementale, comme organiste de cette église, dénommée alors *Temple de la Concorde*.

En 1806, il succéda à *Desprès* comme organiste de Notre-Dame et mourut à Paris, le 9 février 1834.

Œuvres. — La Bibliothèque Nationale possède de *Blin* (de la Codre) deux morceaux de clavecin, publiés par l'éditeur Leduc; *Rondo* varié en *si* bémol majeur; *menuetto* en *fa* majeur, et une romance sur les vers célèbres de Florian : *Plaisir d'amour* (Vm[7] 5834, 5836, 5837); enfin une réduction pour le clavecin de l'ouverture de *la Bonne Fille*, de Piccini (Vm[7] 5873).

Landrin. D'après Choron-Fayolle, *Landrin* était, en 1784, l'un des quatre organistes de la Chapelle Royale et celui de l'église Saint-Louis-des-Invalides. Il avait déjà cet emploi en 1759 [2] et il le conserva jusqu'à la Révolution.

De Laporte. Cité par Jèze comme organiste de la paroisse Saint-Médard et demeurant rue des Prouvaires. En 1778, il recevait, pour cet office, 230 livres par an, plus 6 livres pour les fondations [3].

Lasceux (Guillaume). Né à Poissy, le 5 février 1740, G. *Lasceux*, devint, à l'âge de 18 ans, organiste à Chevreuse, y resta jusqu'en 1762, puis il vint à Paris, y fut, pendant 5 ans, élève de *Noblet* (voir ce nom) pour la composition [4]. En 1769, il entra à Saint-Etienne-du-Mont comme survivancier d'*Ingrain* (voir ce nom), celui-ci étant âgé (il invoquait ses 45 ans de services) [5]. Dans le même temps, *Lasceux* obtint d'autres places chez les Mathurins et les religieuses de Sainte-Aure. Il fut titularisé à Saint-Etienne en 1774. Dans cette paroisse il touchait 250 livres par an; aux Mathurins, 200 [6]. Il avait aussi l'orgue du séminaire Saint-Magloire et celui du Collège de Navarre, avec 140 livres d'honoraires [7]. En 1788, le *Calendrier Musical* donne son adresse : en face Notre-Dame. Grâce à l'acte de décès de son fils, Guillaume-Philippe Parfait, mort à l'âge de 17 ans, le 20 octobre 1788, nous pouvons

1. Ils faisaient savoir au curé de Saint-Philippe que l'Administration départementale prendrait à sa charge les frais de « Dépose, enlèvement et repose de l'orgue » (Réponse du 2 octobre 1791, insérée au reg. de comp. de la fabrique H[5] 3809).

2. Jèze, ouv. cité.

3. Reg. de comptabilité de la fabrique H[5] 3593.

4. Dictionnaire Choron-Fayolle.

5. Délibération du conseil de fabrique du 21 avril 1769, reg. LL 710.

6. Le 22 novembre 1777, Lasceux célébrait aux Mathurins la Sainte-Cécile par une messe de sa composition annoncée par le *Journal de Paris*. Il avait chez eux 200 l. par an. Le reg. de comptabilité H[5] 3983, qui va de 1777 à 1786, donne ce chiffre. Son nom n'y figure pas de 1779 à 1782.

7. Comptabilité du collège : reg. H[5] 2756-57.

préciser davantage : *Lasceux* demeurait alors rue de la Colombe [1].

En 1790, G. *Lasceux* était encore organiste de Saint-Etienne-du-Mont. Il exerça son emploi jusqu'à la fermeture de l'église en 1793 et, même plus tard, dans les cérémonies des Théophilanthropes qui en avaient fait le *Temple de la Piété filiale* [2]. Il recouvra ses fonctions à la reprise officielle du culte. Le registre des délibérations de la fabrique, qui date l'entrée en fonctions de la Nouvelle Administration du 1er décembre 1803, rapporte que, le 1er dimanche de 1804, le conseil a élevé les honoraires de l'organiste de 35 à 45 livres par mois, soit 540 par an [3]. Le premier dimanche d'avril 1807, une partie des dettes de la fabrique étant payées, « le conseil alloue 150 livres à M. Lasceux, à titre d'indemnité et de témoignage de satisfaction ». Le 16 avril 1812, il demande une augmentation ; elle est refusée, mais, le 14 juillet 1813, le conseil décide de lui accorder chaque année une somme de 100 livres en sus de ses honoraires [4].

Le 2 janvier 1819, *Lasceux* écrivait au conseil de fabrique qu'âgé de 79 ans dont 50 employés au service de la paroisse, il demandait à se retirer avec une pension de retraite. Par décision du 27, le conseil imposa à son survivancier *Baron* [5] un prélèvement en faveur de *Lasceux*. Les honoraires de *Baron* furent de 300 francs, portés à 400 francs en 1824 ; l'ancien titulaire recevait 300 francs et paraît les avoir reçus jusqu'en 1831, car l'état des traitements en 1830 et 1831 indique le paiement annuel de 300 francs *à l'ancien organiste* et 400 francs au nouveau. Donc *Lasceux* ne serait pas mort en 1829, comme le dit Fétis, mais en 1831 [6].

Pour l'anniversaire de son cinquantenaire (11 avril 1819), G. *Lasceux* avait offert de faire chanter une messe d'actions de grâces composée par lui, à la condition de toucher ce jour-là la recette des chaises et de la quête et d'obtenir de la fabrique l'emploi des ornements et la gratuité du luminaire. Il prendrait à sa charge la rétribution des chantres. Par sa décision du 27 janvier, le conseil accepta de fournir le luminaire et les ornements, mais opposa un refus pour le reste.

Œuvres. — Fétis a énuméré plusieurs œuvres, profanes ou sacrées, de G. *Lasceux*. De lui, la Bibliothèque Nationale possède 2 romances : *Absence et Retour*, Paris, s. d., in-folio, Vm7 70.831, *les Adieux de la Violette*, Paris, s. d., in-folio, Vm7 70.832 ; une nouvelle suite de *Pièces*

1. Archives de la Seine, Etat civil, décès.

2. Dans une lettre du 22 frimaire an IX, il se plaint même de ce que le clergé ne veut pas exercer ses talents à Saint-Etienne-du-Mont, par ressentiment de ce qu'il a prêté son concours d'organiste aux Théophilanthropes (Arch. Nat. F. 19 856).

3. J'ai pu avoir connaissance de ce registre grâce à l'autorisation de M. le Curé de Saint-Etienne-du-Mont.

4. D'après le tableau des traitements de 1809, ils avaient dû être réduits : 396 francs par an au lieu de 540 francs.

5. Admis comme tel le 22 janvier 1817. Avant lui, le titre avait été accordé à *Marigues* (23 juillet 1804), puis à *Oudin* (14 juillet 1813). Baron fut donc le successeur de G. Lasceux.

6. En effet, en 1832, l'organiste Baron touche le traitement intégral, soit 700 francs.

d'orgue, dédiée à N. Séjan, organiste à l'hôtel impérial des Invalides[1] et de l'église Saint-Sulpice, ayant trait aux hymnes, prose et répons de la Fête-Dieu, chez Imbault[2], s.d., in-fol. oblong (Vm[11] 770). Il y a dans le nombre plusieurs fugues dont une « à deux desseins » ;

2° livre de *Sonates pour le clavecin* (ou le *forte-piano*), avec accompagnement de violon, *ad libitum*, s. d., chez l'auteur, rue Saint-Victor, in-folio, Vm[7] 5535 ;

Des arrangements pour le clavecin ou le *forte-piano* de : l'ouverture de *l'Inconnue persécutée* d'Anfossi, Paris, s. d., in-folio, Vm[7] 5821 ; ouverture et petits airs, concert du ballet de *Mirza*, Paris, s. d., chez Mlle Girard, in-folio, Vm[7] 5844 ;

Pot-pourri d'airs connus arrangés pour le clavecin (op. 11), Paris, chez Bayer, s.d., in-folio oblong, Vm[7] 5927.

Enfin, à la date de 1862, V. Deshayes a publié un *Panis Angelicus* de G. *Lasceux*, arrangé pour 3 voix égales, in-folio, Vm[7] 117.648.

L'éditeur Richault avait publié une *Messe* pour orgue, en *mi* mineur, d'après des Noëls. L'œuvre n'existe plus dans le fonds Costallat.

Lefroid de Méreaux. C'est encore une dynastie de musiciens dont le dernier signait ses œuvres et ses articles simplement du nom de *Méreaux*[3].

Lefroid de Méreaux père (Nicolas-Jean)[4] serait, d'après Fétis, né à Paris en 1745 et mort en 1797. Il lui attribue l'orgue de Saint-Jacques-du-Haut-Pas, ce qui est erroné, car, de 1762 à 1780, il a été tenu par *Aufrit* et *Miroir* (voir ce nom)[5]. Michel Brenet le fait titulaire en 1775, de l'orgue de la paroisse Saint-Sauveur. Or, Méreaux l'était déjà en 1767, car l'acte de baptême de son fils, établi le 23 juin, le donne comme organiste de cette paroisse. Il figure en effet aux comptes de la fabrique en 1785, pour 157 livres 4 sous, en 1786 pour 200 livres par an[6]. Il était aussi organiste des Petits-Augustins à 200 livres par an[7] et de la Chapelle Royale.

N.-J. *Méreaux* écrivit des pièces pour le concert spirituel ; le 25 mars 1775, on y entendait *Samson*, « oratoire » de sa composition[8], le 15 août suivant, un *Laudate*. Il a fait jouer aussi divers ouvrages de théâtre : à la Comédie italienne, le 1er oct. 1775, le *Retour de tendresse*, un acte en vers dont la partition fut gravée[9] ; le 16 sept. 1776, le *Duel comique ;*

1. Ce qui la date de 1806 environ.

2. Artiste musicien de S. M. l'Empereur et Roi d'Italie et éditeur de musique *au Mont d'Or*, rue Saint-Honore, 125, pres celle des Poulies.

3. Amédée *Méreaux* (1802-1874), professeur de musique à Rouen, critique musical, éditeur des *Clavecinistes français* (voir sa notice dans le Dictionnaire Fétis-Pougin).

4. Et non Jean-Nicolas, comme le dit Fetis. Je place les prénoms dans l'ordre où je les trouve cités sur l'extrait de naissance de son fils, qui, lui, s'appelait : Jean-Nicolas (Archives de la Seine, Etat civil).

5. Reg. de compt. de la fabrique Hb 4448, 4466 et 4467.

6. Reg. de compt. Hb 3811.

7. Déclar. des biens et charges de 1790, S. 3741.

8. Fétis dit : *Esther*. Mon indication est tirée des journaux du temps. Il aurait publié, en 1767, une cantate : *Aline, reine de Golconde*.

9. Elle est à la Bibliothèque nationale, Paris, in-folio, Vm[6] 96.

le 23 juillet 1777, *Laurette*, parole de Dauzel de Malzéville [1]; à l'Académie royale de musique, le 26 août 1783, *Alexandre aux Indes* [2] qui fut considéré par le *Mercure* comme un début honorable à l'Opéra. Il y reparut, 8 ans plus tard, le 30 décembre 1791, avec *Œdipe à Thèbes*, tragédie lyrique en 3 actes, paroles du comte Duprat de la Touloubre, avec plus de succès[3]. Dans cette même année, d'après A. Pougin, Méreaux aurait donné à l'Opéra-Comique une *Grisélidis*, paroles de Desforges [4].

En 1790 et les années suivantes, Méreaux père et fils se produisirent comme exécutants dans les fêtes nationales en plein air données par la Révolution.

Lefroid de Méreaux fils (Jean-Nicolas). Fils de *Lefroid de Méreaux* (Nicolas-Jean) et d'Elisabeth Audier de Clermont, son épouse, demeurant rue Saint-Denis, *Lefroid de Méreaux* (Jean-Nicolas) est né à Paris le 22 juin 1767 ; il fut baptisé le 23 à l'église Saint-Sauveur [5].

Elève de son père, organiste comme lui, professeur à l'Ecole royale de chant, créée en 1784, aux Menus Plaisirs, *Méreaux* fils participa, ainsi que son père, aux fêtes nationales de la Révolution, c'est-à-dire que, sur des orgues installées sur des estrades, ils jouaient, au passage du cortège, des airs patriotiques.

Le 16 décembre 1791, dans les Délibérations du Consistoire de l'Église réformée de Paris, il est question d'un sieur *Méro* (*sic*), organiste à l'église Saint-Louis-du-Louvre, cette collégiale fermée en 1790 [6] ayant été concédée au culte évangélique. Quoique catholique, J.-N. *Méreaux* devint donc l'organiste de ce temple et il demeura au service de l'église réformée lorsque, en 1811, la chapelle de l'Oratoire Saint-Honoré fut substituée à Saint-Louis-du-Louvre, condamné à la démolition [7].

En 1804, *Méreaux* fils mit en musique, sur des paroles de Joseph Ourry, une hymne pour *soli*, chœurs et orchestre, qui fut exécutée à Saint-Louis-du-Louvre pour la Fête du sacre et du couronnement de l'Empereur. Elle débute par cette invocation :

> Aux voix des célestes archanges
> Osons associer nos chants !
> Faisons, par des sons éclatants,
> De l'Eternel retentir les louanges !

1. Partition gravée aussi (op. 3), in-folio, Vm[n] 295.
2. Partition gravée (op. 6.) Paris, Deslauriers, in-folio, Vm[e] 537. Pour *Laurette* et *Alexandre aux Indes*, les dates données par Fétis sont inexactes ; j'ai relevé les miennes sur les partitions elles-mêmes et sur les journaux du temps.
3. Ad. de Lajarte (*Catalogue de la Bibliothèque de l'Opéra*) rapporte, d'après le *Journal de Paris*, que l'auteur fut demandé après la représentation.
4. *L'Opéra-Comique pendant la Révolution*, 1. vol. in-18, Paris, 1891.
5. Extrait de naissance contrôlé aux Archives de la Seine. Les parrain et marraine furent Jean-Louis Laurent, professeur de violon et Marie-Louise Pied.
6. Il est à remarquer qu'au temps où cette église était affectée au culte catholique, Saint-Louis-du-Louvre, ainsi que beaucoup de petites églises parisiennes, ne disposait pas d'un orgue (Reg. H[s] 3368).
7. Ces renseignements m'ont été fournis par M. Charles Voigt, agent général de l'Union consistoriale de l'Oratoire, que je remercie de son obligeance.

Vient ensuite, composée sur les paroles les plus plates, une série de récitatifs, d'airs et de chœurs.

Méreaux fils est mort à Paris, le 6 février 1838, âgé de 71 ans, en son domicile, 4, rue de la Michodière [1].

ŒUVRES. — Fétis lui attribue des sonates pour violon et flûte (chez Pacini) ; une sonate pour violon seul (op. 55), chez Omont ; une grande sonate éditée chez Leduc, plusieurs fantaisies pour piano, un nocturne pour piano et flûte (op. 35), chez Richault. Je n'ai trouvé de lui à la Bibliothèque Nationale, que la transcription d'un air de *l'Amant statue*, de Dalayrac (Vm⁷ 26.016).

LÉGAT DE FURSY. Est né, selon Fétis, à Maubeuge, vers 1740. Il fut, pour le clavecin et l'harmonie, l'élève de *Noblet* (voir ce nom). Dans l'*Essai sur la musique* de J.-B. de Laborde, *Légat de Fursy* est l'objet d'une longue notice où il est fort bien traité, — peut-être par lui-même, s'il fut, comme l'assure Fétis, l'un des collaborateurs de cette publication. Cependant sa carrière d'organiste n'y est pas mentionnée, bien qu'à Paris, il eût l'orgue de Saint-Germain-le-Vieil, en 1761, à 100 livres d'honoraires [2]. Chez les Carmes de la place Maubert, il succéda à *Ingrain* (voir ce nom), en avril 1770, avec 300 livres de rétribution [3]. Sur les titres de plusieurs publications, il se dit organiste de Sainte-Croix de la Bretonnerie.

Cité en 1788 par le *Calendrier musical*, qui donne son adresse [4], au nombre des professeurs de clavecin, il a publié quelques pièces pour cet instrument :

L'ouverture de l'*École de la Jeunesse* du sieur Prati, pour le clavecin avec accompagnement de violon, Vm ⁷ 5852.

Celle de l'*Andromaque* de Grétry, Vm ⁷ 5825.

Fétis donne la liste de ses opéras restés inédits, de ses autres productions vocales, de sa musique de chambre ; il dit que *Légat de Fursy* cultiva le genre de la *Cantatille* (sorte de cantate en réduction, contenant plusieurs airs généralement *en rondeau*, reliés par des récitatifs). Ce genre convenait à un musicien qui avait un mince savoir technique d'amateur. Il en a produit une douzaine environ que possède la Bibliothèque Nationale, à une ou deux voix, avec symphonie, c'est-à-dire violon et clavecin : *l'Amour de village*, dédié à Mme de Villeroy ; *le Bouquet d'Iris* ; *le Bocage* ou les *Délices de l'Erdre* ; *Eloge de la Paix* ; *la Naissance de Vénus* : le *Réveil d'Alcidon* ; *Almire* ; *les Soupirs* (dédiée à Mme Després) ; la *Feste d'Eglé* et l'*Absence d'Eglée* ; *Céix et Alcyon*. Je me borne à les énumérer ; elles sont mentionnées avec leurs cotes, au Catalogue d'Ecorcheville.

1. Archives de la Seine (Etat civil, décès). L'acte est signé par le gendre du défunt, Frédéric Labot, avocat à la Cour et son fils, Jean-Amédée *Méreaux*, nommé plus haut. Celui-ci est né à Paris le 2e jour complémentaire an X (17 septembre 1802) et non pas en 1803 comme le dit Fétis (Archives de la Seine).
2. Reg. de compt. de la fabrique H⁵ 4363.
3. Reg. de compt. H⁵ 3928.
4. Rue de l'Arbre-Sec, au coin de la rue Bailleul.

Légat de Fursy a aussi publié les *Soirées de Choisy le Roy*, Paris, in-folio (Vm 7 667). Ces trois recueils de chansons, avec accompagnement de harpe, guitare, clavecin, flûte ou violon, sont dédiés à Mlle de Courlesvaux, qui doit y avoir collaboré [1]. Les deux premiers recueils contiennent des chansons de tous les genres : tendre, gai, sérieux ; des airs « en rondeau », une romance, *aria* et *pastorale*, un air imitatif avec flûte, le *Rossignol*. Le troisième, précédé d'une *Épitre dedicatoire en musique*, est une série de duos, sérieux ou comiques. L'un d'eux intitulé, le *Porteur d'Eau*, reproduit le cri du marchand, note ses jérémiades, etc.

Je n'ai pu découvrir la date du décès de *Légat de Fursy*.

Luce (Michel-Vincent de Paul), est né à Chaumes-en-Brie, le 28 octobre 1740 [2]. Lieu et date de sa mort ignorés.

Il était fils d'Etienne *Luce*, marchand et organiste, né au même lieu, le 12 octobre 1702 [3], lequel avait pour père un autre Etienne *Luce*, tonnelier et cabaretier à Chaumes, — et d'une sœur de Nicolas-Gilles *Forqueray* (voir ce nom), Hélène-Geneviève.

D'après Th. Lhuillier, Etienne *Luce*, l'organiste, aurait rempli ses fonctions juqu'en 1769 à l'abbaye de Chaumes ; il aurait eu pour successeurs son fils Paul et son petit-fils Vincent de Paul [4]. Il y a là une erreur. Les archives paroissiales démontrent qu'il n'y eut pas d'intermédiaire entre Étienne *Luce* et Vincent de Paul [5] ; celui-ci est bien le fils de celui-là !

Luce (M.-V. de P.) ne dut pas remplir longtemps la charge d'organiste à l'abbaye de Chaumes, car, le 30 novembre 1773, le conseil de fabrique de Saint-Nicolas-des-Champs lui donna la succession de son organiste *Legrand* (voir ce nom) [6]. Pour le dernier mois de cette année 1773, il fut alloué à *Luce* 38 livres 6 sous, 8 deniers Ses honoraires furent par la suite de 480 livres par an.

En 1784, il touchait aussi l'orgue des Grands-Augustins. Il eut pour successeur, 1785-1786, le sieur *Forgeot*. L'un et l'autre recevaient chaque année, une rémunération de 150 livres [7].

Œuvres. — Je n'ai trouvé aucune trace d'œuvres publiées de Michel-Vincent de Paul *Luce*.

Miroir. — C'est le nom d'une vieille famille de l'Artois, originaire de Montreuil-sur-Mer [8] ; on le trouve écrit tantôt *Miroir*, tantôt *Miloir* ou *Millors*, etc. Elle a produit plusieurs ecclésiastiques, des musiciens dis-

1. Le dernier air du 2e cahier est gravé avec l'initiale de Me C. Une note ajoute qu'il fut « mis dans le *Mercure*, sans accompagnement ».
2. D'après les archives paroissiales. L'acte de baptême lui donne pour parrain un organiste de Paris, Michel *Grison*.
3. *Ibid.*
4. Ouv. cité.
5. Aucun des enfants d'Étienne Luce ne porte ce nom de Paul. L'aîné, qui naquit le 31 juillet 1739, mourut presque aussitôt le 1er août ; le 3e, né le 15 novembre 1743, s'appelait Joseph-Nicolas. Entre les deux se place Michel-Vincent de Paul.
6. Reg. de compt. Hs 4555. *Cf.* un état des dépenses de la paroisse en 1778, dans S. 3453.
7. Reg. de compt. Hs 3893 A.
8. M. Roger Rodière, auteur de plusieurs études historiques et qui habite cette ville, a bien voulu me faire part de ses découvertes généalogiques dans les archives locales.

tingués, entre autres deux organistes de Notre-Dame-en-Darnetal, à Montreuil, portant le même prénom : François. Le premier vécut au XVIIe siècle ; son troisième enfant, né le 6 décembre 1670, mort le 14 octobre 1744, fut le père de Eloi-Henri *Miroir*, bourgeois de Montreuil, organiste de la même paroisse, né en 1712 et mort le 8 juillet 1782 et de Claude-Nicolas, son frère cadet, qualifié organiste en 1744-1748, maître d'école ensuite.

De son mariage avec Marie-Nicole Lemaire, Eloi-Henri *Miroir* eut douze enfants, tous nés à Montreuil et baptisés à Notre-Dame. Le second et le troisième furent les deux frères *Miroir* dont parle le dictionnaire de Fétis (supplément Pougin) et qui exercèrent à Paris.

MIROIR aîné (Eloi-Nicolas-Marie) né à Montreuil, le 15 décembre 1746, est mort à Paris le 21 mars 1815 [1].

D'après la *Biographie Universelle des Musiciens*, *Miroir aîné* aurait été organiste de Saint-Benoit et de Saint-Honoré ; suivant Choron-Fayolle, de Saint-Germain-des-Prés. J'ai vérifié l'exactitude de ces assertions.

En ce qui concerne Saint-Benoit, la comptabilité du chapitre est muette sur la rétribution de l'organiste, qui devait incomber à la fabrique. Je dirai plus loin pour quelles raisons il a pu se faire une confusion entre *Miroir* aîné et *Miroir* cadet.

A Saint-Honoré, *Miroir* est mentionné comme organiste à 350 livres par an, en 1788 [2]. Quant à Saint-Germain-des-Prés, *Miroir*, y était titulaire de l'orgue depuis 1770 environ [3], à 400 livres de traitement [4]. Dans un ouvrage publié en 1826, B. de Roquefort rappelle que le talent de l'artiste attirait tant de monde aux vêpres de l'abbaye qu'on les avait surnommées « l'Opéra des servantes » [5].

En outre, *Miroir* aîné, en 1790, était organiste de Saint-Louis en l'Isle, avec 400 livres d'honoraires (plus 36 au souffleur), à charge de verser 200 livres de pension à la demoiselle *Bouchard* (voir ce nom) [6]. En 1788, il avait son domicile rue de Tournon. *Miroir* cadet, rue de la Planche et *Miroir* jeune, 14, rue du fauxbourg du Temple [7].

MIROIR cadet. Le second fils serait François-Marie *Miroir*, baptisé le 15 janvier 1748 ; c'est lui que Pougin appelle *Miroir* cadet. Il touchait l'orgue de Saint-Etienne-des-Grès en 1777 (en partage avec Mlle Lochmann) [8]. Ce doit être lui qui, en 1780-81, à Saint-Jacques-du-Haut-Pas,

1. C'est donc à tort que son portrait en buste, lithographié, le dit mort à l'âge de 69 ans ; il n'avait que 68 ans, 3 mois, 6 jours. L'acte de décès de *Miroir* (Archives de la Seine, Etat civil) lui donne 68 ans. Il mourut à son domicile, 2, rue de Sèvres, laissant une veuve, née Marie-Charlotte Langlois.

2. Reg. de compt. Hb 3339.

3. Il est cité comme tel en 1775, par le *Cabinet des Loisirs*.

4. Déclaration des biens et charges de l'abbaye, en 1790, dans S. 2858.

5. *Dictionnaire historique et descriptif des monuments religieux, civils et militaires de Paris.*

6. Reg. de compt. de la fabrique pour 1790, Hb 4528 a.

7. *Calendrier musical.*

8. Ils ont à se partager la maigre somme de 17 l. 10 sous. Jusqu'en 1781, il est payé 20 l. par an : en 1782, il partage avec Desquimare, qui lui succède en 1783 (Reg. Hb 3559 à 3563).

succède à *Anfry*, avec 100 livres d'honoraires[1]. Enfin un *Miroir* était organiste des Cordeliers (il est désigné comme tel par le *Guide* de Thiéry) ; à ce titre, en 1790, il touchait 260 livres d'honoraires[2]. La faible rémunération de ces divers emplois et leur groupement dans le Quartier latin me porteraient à croire que c'est *Miroir* cadet et non *Miroir* aîné qui fut l'organiste de Saint-Benoit[3].

Peut-être était-ce lui aussi (ou *Miroir* jeune) qui était, en 1775, organiste des Bénédictins anglais de Saint-Edmond, rue Saint-Jacques, avec 125 livres d'honoraires par an[4].

Miroir cadet paraît s'être retiré à Montreuil où il obtint, le 11 octobre 1803, l'orgue de la paroisse Sainte-Saulve avec 150 livres d'honoraires. En annonçant cette nomination, le *Journal du Directoire, du Consulat et de l'Empire* à Montreuil, par G. de Lhomel, ajoutait : « C'est le frère du célèbre musicien de ce nom. »

Miroir jeune. Le Dictionnaire Fétis-Pougin signale un troisième frère : *Miroir* jeune, sur lequel je n'ai pu trouver aucun renseignement artistique. D'après les recherches de M. Rodière, cette appellation ne peut convenir qu'à Nicolas-Honoré-Gabriel *Miroir*, baptisé le 16 mai 1752, ou à Félix-François *Miroir*, baptisé le 15 septembre 1760.

Œuvres. — De *Miroir* aîné, jeune ou cadet, la Bibliothèque Nationale ne possède aucune œuvre manuscrite ou gravée. Par contre, de E.-M. M. Miroir, qui s'intitule : « fils du célèbre organiste de ce nom », par conséquent fils de *Miroir* aîné, elle détient toute une série d'œuvres pour la flûte[5]. Il devait être instrumentiste et pratiquer son art en province car son op. 1. *3 Duos concertans pour la flûte*, dédié à son père, est publié à Rouen, chez l'auteur, rue Ganterie, n° 68 et dans ses *Etudes pour la flûte*, les « principaux traits et *soli* les plus remarquables et les plus difficiles d'exécution » sont tirés des « opéras et opéras-comiques français représentés habituellement en province. »

Oudin père et fils. On trouve aussi leur nom orthographié *Houdin*. En 1788, *Oudin* père était désigné comme titulaire de l'orgue de Saint-Jacques-du-Haut-Pas à 100 livres d'honoraires[6]. Il le resta jusqu'à la cessation du culte, à la Terreur.

C'est lui aussi, probablement, qui exerçait en 1782, à la Madeleine en la Cité[7], à 100 livres d'honoraires par an. Le même nom figure, en 1786-1787, dans la comptabilité de la petite église Saint-Hilaire-du-Mont[8].

Au moment de la Révolution, Oudin fils était titulaire de l'orgue de

1. Reg. de compt. de la fabrique H[5] 4466 et 4467. Elle servait annuellement une gratification de 24 l. à *Anfry* dont le nom est souvent écrit *Anfrit*.
2. Déclar. des biens et charges de 1790, dans S. 4161.
3. Le *Calendrier musical* de 1788 désigne simplement : *Miroir*.
4. Il est assez difficile de le déterminer. Libellé en anglais, le seul registre de comptabilité de la congrégation que possèdent les Archives Nationales (H[5] 3896) va seulement de 1788 à 1791 et n'indique aucun prénom.
5. Elles paraissent dater de l'époque de la Restauration.
6. Reg. de compt. de la fabrique H[5] 4473 *.
7. Reg. de compt. de la fabrique H[5] 4468.
8. Reg. de compt. de la fabrique H[5] 4936.

la paroisse Saint-Médard. Il le redevint après. Voir la monographie de Saint-Médard, par Manerville.

Œuvres. — Faut-il attribuer au père ou au fils le manuscrit, — que possède la Bibliothèque Nationale, de *2 Concertos pour clavecin avec accomp. de 2 violons et basse*, dont la partie de piano seule a été conservée, in-folio oblong (Vm[7] 5314) ?

Pouteau (Joseph). Encore un artiste originaire de Chaumes-en-Brie ! Fétis place sa naissance en 1740. L'acte de décès affirme que J. *Pouteau* est mort à Paris, le 3 décembre 1823, âgé de 85 ans [1], ce qui reporterait celle-ci en 1738. Or, d'après les registres de la paroisse de Chaumes, il est né le 24 février 1735.

Elève à quinze ans de son grand-oncle *Forqueray*, il devint en 1755 organiste de Saint-Jacques-la-Boucherie (il est cité comme tel en 1759 par Jèze, en 1775 par le *Cabinet des Loisirs*, en 1786, par le *Guide des Voyageurs* de Thiéry).

D'après le dictionnaire de Choron-Fayolle, *Pouteau* aurait succédé à *Forqueray* comme titulaire des orgues de Saint-Martin-des-Champs et de Saint-Séverin. Il importe de distinguer. C'est Michel *Forqueray*, mort le 30 mai 1757, qui tenait l'orgue du prieuré [2]. C'est donc à celui-ci et non à Nicolas-Gilles qu'il a succédé et la date de 1757 est bien exacte ; elle est rappelée par une pièce d'archives provenant de Saint-Martin-des-Champs [3]. Mais si l'assertion est exacte en ce qui concerne Saint-Martin, elle est erronée pour ce qui regarde Saint-Séverin. En cette paroisse, *Forqueray* (Nicolas-Gilles) fut remplacé, en 1760, par N. *Séjan*, son neveu (Voir ce nom).

Toutefois *Pouteau* avait obtenu la succession de *Forqueray* chez les Filles-Dieu ; il avait conservé cet emploi en 1790, car la Déclaration des biens et charges de la communauté du 23 février reconnait qu'il est dû 342 livres à Pouteau, son organiste [4].

Après la Révolution, J. *Pouteau* dut succéder à *Desprès*, qui, en 1804, abandonnait ses fonctions à l'orgue de Saint-Merry. Dans sa monographie de la paroisse, M. l'abbé Baloche mentionne la présence de *Pouteau*. Il partageait ses fonctions avec François-Gervais *Couperin* et recevait 400 livres d'honoraires. Le fait est confirmé par Choron et Fayolle [5], qui lui attribuent en outre à cette époque l'orgue de Saint-Séverin.

J. *Pouteau* décéda dans son domicile, 22, rue des Arcis, en la Cité [6]. Il avait fait jouer à l'Opéra, le 10 janvier 1777, un « intermède » [7] en 1 acte, intitulé : *Alain et Rosette*, ou la *Bergère ingénue*.

1. Archives de la Seine, Etat civil, décès.
2. Voir plus haut, au nom de *Forqueray* (Michel).
3. Déclaration des biens et charges du 20 février 1790, dans S. 1333[a].
4. Arch. Nat.-S. 4696.
5. Dictionnaire publié en 1810-1817.
6. Acte de décès, Archives de la Seine.
7. D'après Th. de Lajarte (ouv. cité), c'était une paysannerie dans le genre du *Devin de village*. Elle fut donnée sans succès.

Œuvres. — J. *Pouteau* publiait en 1794 un *Recueil périodique d'ariettes d'opéras-comiques et autres*, arrangées pour le *forte-piano* et pour le clavecin, (in-4° oblong à Paris, chez l'auteur, rue Planche-Mibray [1] et chez M. Bouin, marchand de musique près Saint-Roch). Ce recueil mensuel se vendait 12 livres à Paris, 18 en province. Une note indique qu'aux mêmes adresses, on trouvera un Recueil de 6 sonates. La Bibliothèque Nationale ne le possède pas. Quant à l'autre, relié dans un recueil factice, coté Vm[7] 5943, il y manque trois livraisons, celles de mars, avril et novembre. Il contient quatre romances ou airs de *Pouteau*.

Séjan ou Séjean. Ce nom fut porté par deux frères. Fils de Nicolas *Séjan*, marchand de vins à Paris et de Geneviève Fleury, sa femme, demeurant rue des Cordeliers, né à Paris le 19 mars 1745 [2], l'aîné et le plus célèbre fut Nicolas *Séjan*.

Neveu et élève pour l'orgue de N.-G. *Forqueray* (voir ce nom), il apprit la composition avec l'abbé Bordier, maître de chapelle aux Saints-Innocents. Assez précoce pour improviser un *Te Deum* à l'âge de quinze ans, sur l'orgue de Saint-Merry, dont son oncle était titulaire, Séjan obtint, peu après, celui de Saint-André-des-Arts [3]. Une décision du conseil de fabrique de Saint-André, du 22 mai 1760, l'admit *sans concours* comme successeur de *Dubousset*, décédé subitement le 19[4]. A ce titre, il recevait 300 livres d'honoraires par an[5].

En 1772, Nicolas *Séjan* fut choisi comme un des organistes par quartier de Notre-Dame (il conserva cette place jusqu'à la Révolution), en 1781 comme arbitre pour la réception de celui de Clicquot à Saint-Sulpice [6]. Il obtint en 1783 et conserva jusqu'en 1791 les fonctions d'organiste de cette paroisse, avec 1.200 livres d'honoraires, à charge par lui de rétribuer le facteur et le souffleur [7]. En outre, il était et sous la même condition, organiste à Saint-Séverin, à 300 livres par an, « plus un casuel de 14 livres 10 sous pour les saluts des trois jours gras et celui du dernier jour de l'année [8] ». Dans son *Guide* de 1786, Thiéry attribue à N. *Séjan* trois orgues ; avant lui, l'auteur du *Cabinet des Loisirs* les avait indiqués. C'étaient ceux de Saint-André-des-Arts, Saint-Séverin et des Cordeliers.

Organiste du Roi en 1790, il touchait 2.000 livres pour ses fonctions à la Chapelle royale [9]. Professeur d'orgue à l'Ecole royale de chant, il exer-

1. Cette même adresse est indiquée en 1788 par le *Calendrier musical*, au titre des Maîtres de clavecin.

2. Et non pas en 1746, comme le dit Fétis. La date exacte a été retrouvée par M. René Bessières, dans ses recherches généalogiques. Il a bien voulu me la signaler.

3. Fétis écrit à tort *Saint-Merry*.

4. Reg. des délibérations LL 690. Il s'agit de *Drouard de Bousset* (voir ce nom ci-dessus).

5. Reg. de comptabilité de la fabrique pour 1787. H[5] 4369.

6. Sur l'inauguration de l'orgue de Saint-Sulpice et l'affluence des auditeurs, voir le *Journal de Paris* du 19 janvier 1781.

7. Reg. de comptabilité de la fabrique pour 1790, H[5] 3814 *bis*.

8. Reg. de comptabilité de la fabrique pour 1782, H[5] 4674. Il était, en outre, chargé de payer une pension de 100 l. à la Dame *Forqueray*, veuve du précédent organiste, conformément à la délibération du 14 février 1762.

9. Arch. Nat. O[1]-842

ça plus tard les mêmes fonctions à l'Institut national de musique (Conservatoire), dès sa fondation en 1795. Il se fit entendre le 11 septembre 1794 sur le premier orgue qui ait été installé à l'Opéra (appelé alors *Théâtre des Arts* et situé place Louvois), ainsi que dans les fêtes en plein air de la République. Il habitait en 1795, la rue du Coq-Saint-Honoré, près le *Café militaire*.

En 1806, N. *Séjan* obtint l'orgue de Saint-Louis-des-Invalides ; il avait retrouvé sa place à Saint-Sulpice ; il fut fait chevalier de la Légion d'honneur.

N. *Séjan* est mort à Paris, le 16 mars 1819, en son domicile, 16, rue Garancière [1] ; il fut inhumé au cimetière Montmartre.

SÉJAN (Edme-Philibert), dit SÉJAN cadet. On ne trouve nulle part indiqués les prénoms du frère cadet de N. *Séjan*. C'est aux recherches de M. René Bessières, qui a copié son acte de décès [2], que nous en devons la découverte. Décédé le 21 mai 1792, âgé de 38 ans, environ, E. P. *Séjan* était né en 1754. Thiéry le mentionne comme organiste des Saints-Innocents. En 1780, la paroisse le rétribuait à raison de 300 livres par an [3], élevés à 400 livres en 1786. Ayant été supprimée, par décret de l'archevêque et l'église démolie conformément à l'arrêt du conseil du 9 novembre 1785, la paroisse des Saints-Innocents fut réunie à Saint-Jacques-la-Boucherie; mais il fut stipulé par la fabrique dans le concordat avec celle de Saint-Jacques, que l'organiste *Séjan* retrouverait son emploi dans l'église portant la double dédicace : *Saint-Jacques et Saints-Innocents*. Il fut en effet admis à l'y remplir, concurremment avec le titulaire J. *Pouteau* (voir ce nom). 450 livres d'honoraires lui étaient assurées [4]. *Séjan* cadet demeurait, en 1792, rue des Canettes.

C'est probablement aussi *Séjan* jeune qui, en 1783, tenait l'orgue de Saint-Cosme-Saint-Damien, moyennant 200 livres par an, car Thiéry n'attribue que trois orgues à *Séjan* aîné.

De sa seconde femme, Marie-Charlotte *Marlé*, qui lui donna cinq enfants [5], celui-ci eut un fils, nommé Louis-Nicolas, né à Paris le 10 juin 1786, baptisé à l'église Saint-Jacques-du-Haut-Pas.

SÉJAN (Louis-Nicolas) fut aussi organiste et succéda à son père en 1819 à l'orgue de Saint-Sulpice. Il le tint jusqu'à sa mort, en 1849.

ŒUVRES. — La Bibliothèque Nationale possède, de N. *Séjan*: 3 quatuors pour clavecin, violon et basse, cote Vm[7] 5755 [6] ; sous la cote Vm[7] 5405, un « Recueil de pièces pour le clavecin ou le piano-forte

1. D'après l'acte de décès retrouvé par M. Bessières.

2. Extrait du registre des actes des convois de la paroisse Saint-Sulpice. Le premier témoin est N. Sejan.

3. Reg. de comptabilité de la fabrique H[5] 4761[a]. Cette année-là, le paiement des 300 livres fait l'objet de 2 quittances, l'une de 150 l., signée par l'organiste, l'autre pour la même somme, du sieur Lequesne à qui, depuis le 1er juillet 1785, Séjan a délégué ses honoraires, jusqu'à concurrence d'une dette de 1.000 livres 9 sols.

4. Reg. des délib. de la fabrique de Saint-Jacques Saints-Innocents H[5] 4443 (année 1786).

5. Une fille de Nicolas Séjan, Amélie, née en 1800, épousa le luthier Cousineau. Elle est morte en 1890.

6. Mais le titre indique que c'est un arrangement d'œuvres de Janson aîné.

dans le genre gracieux et gay », op. 2, à Paris, chez l'auteur, s. d., in-folio oblong[1];

Un hymne de circonstance : *Religion républicaine* (paroles de Desforges) publié à Paris, s. d., petit format, in-8° pièce. Vm[7] 17125 et 17126.

M.-G. de Saint-Foix (article cité) dit avoir eu entre les mains 2 recueils de sonates de Nicolas Séjan : l'op. I : *6 Sonates pour clavecin avec accompagnement de violon, ad libitum*, dédiées à M. Beaujon, et l'op. III, *Sonates en trio, pour piano, violon et violoncelle* dédiées à la comtesse d'Hautefort.

De Louis *Séjan*, fils de Nicolas, elle a 8 *Variations pour le piano-forte* sur un air de Fanchon : *Quand Vénus sortit de l'onde*, à Paris, s. d, in-folio, chez Nadermann, Vm[7] 18.540.

Taperay ou Tapray (Jean-François), né à Gray, en 1738, se fit entendre à Dôle, à peine âgé de dix ans, dans un concert d'orgue à l'église des Jésuites. Son père et lui-même furent organistes à la cathédrale de Dôle. En 1753, il y avait procès entre le chapitre et le magistrat pour le choix d'un organiste. Celui-ci proposa *Taperay*[2] pour toucher et, au besoin, raccommoder le nouvel orgue qui venait d'être établi sur la tribune et qui y érige encore son architecture rococo si originale[3].

Les *Annonces, Affiches et Avis divers*[4] affirment que, le 30 avril 1756, *Taperay* fils eut l'honneur d'exécuter, à Versailles, des pièces de clavecin en présence de Mme Victoire, fille de Louis XV. Plus tard, lorsqu'il fut fixé à Paris, l'artiste se fit entendre fréquemment comme exécutant, au concert spirituel, par exemple dans une symphonie de Navoigille ou même dans ses propres œuvres dont le *Journal de Paris*, — de 1777 à 1783, — signala régulièrement la publication[5].

Fétis écrit qu'avant de s'établir à Paris, *Taperay* avait exercé ses fonctions d'organiste à Gray, à Dôle et à la cathédrale de Besançon. Il vint à Paris en 1768 et obtint l'orgue de la Chapelle de l'Ecole militaire. En 1780, on le trouve en effet logé dans les bâtiments de l'Ecole où il avait droit à « une chambre pour lui et une pour son domestique »[6]. A cette époque, le *Journal de Paris* lui attribue le titre

1. En l'absence de prénom, on peut se demander si l'œuvre appartient à l'aîné ou au cadet.

2. Et non *Taperey*, comme l'orthographie le *Répertoire des Archives départementales du Jura* (G. 254).

3. *Ibid.*

4. N° du 2 mars 1757.

5. Des sonates en trio (4 mars 1777) ; une symphonie concertante pour clavecin et orchestre, op. 8 (22 janvier 1778) ; une autre pour clavecin, violon et orchestre, op. 9 (21 avril 1778) ; 3 sonates de clavecin (op. 11) et une symphonie concertante pour clavecin et orchestre, op. 12 (8 février 1780) ; une symphonie concertante pour clavecin (ou *piano-forte*), 2 violons, basse, cor et orchestre, op. 13 (17 mars 1781). M. G. de Saint-Foix lui attribue 30 recueils de sonates et symphonies concertantes, publiés entre 1770 et 1798.

6. De même qu'un médecin nommé Mac-Mahon (Inv. des meubles dressé de 1780 à 1782, Arch. Nat. M. 252).

d' « organiste du Mont-Carmel et de Saint-Lazare ». Ch. *Bonjour* lui succéda en 1786, à l'École Militaire, on l'a vu plus haut [1].

Taperay se retira à Fontainebleau où, pendant la Révolution, d'après Th. Lhuillier [2], il se faisait entendre sur l'orgue de l'église Saint-Louis, aux Fêtes de la Raison et de l'Être suprême (en 1793-94) et dirigeait l'orchestre. Il y serait mort en 1819 [3].

ŒUVRES. — Outre quelques transcriptions pour le clavecin, d'ouvertures ou d'airs d'opéras-comiques, ainsi que du fameux Quatuor de *Lucile*, la Bibliothèque Nationale détient plusieurs œuvres originales de *Taperay* :

6 Concerti per cembalo o per l'organo con tre violoni ed un violoncello obligato, *Opera prima*, Paris, Bayard, s. d., in-fol., Vm⁷ 1850 et Vm⁷ 5322. Il signe cette œuvre : Taperay *il figlio* ;

6 Sonates pour le clavecin avec accompagnement de violon *ad libit.*, op. 1, Paris, s. d., in-fol. oblong, Vm⁷ 5079, partie de clavecin seule et op. 2, Vm⁷ 5080 ;

4 Sonates pour le clavecin ou le forte-piano, la première en quatuor, la deuxième en trio, la troisième en symphonie, la quatrième sans accompagnement, op. 4, Paris, chez l'auteur, s. d., in-fol., Vm⁷ 5350 ;

4 Sonates en trio pour le clavecin avec violon et alto, Paris, chez l'auteur, s. d., Vm⁷ 5351 ;

Sonates en trio pour le clavecin ou piano, un violon et un alto, op. 6, Paris, chez l'auteur, s. d., in fol. oblong, Vm⁷ 5352 (seule existe la partie de clavecin) ;

2 Sonates en trio pour le clavecin ou le piano, avec accompagnement de violon et violoncelle obligés, op. 23, Paris, Bonjour, s. d., in-folio, Vm⁷ 5683 ;

3 Sonates pour le clavecin ou le piano avec accompagnement de violon ad libit., op. 24, Paris, Bonjour, s. d. in-folio Vm⁷ 5684.

Premiers éléments du clavecin ou du piano, suivis de douze pièces d'une difficulté graduelle, op. 25, Paris, Bonjour, s. d., in-folio oblong, Vm⁸ 5.23.

THOMELIN. Voir au XVIIIe siècle (1re période). Est-ce l'ancien organiste des Théatins et de la Madeleine en la Cité qui mourut en 1820, au dire de Weckerlin [4], titulaire de l'orgue des Petits-Pères ou un descendant ? Je l'ignore, n'ayant pu retrouver son acte de décès ; mais c'est vraisemblablement à ce dernier qu'il faut attribuer les quelques romances portant le nom de *Thomelin*, cataloguées à la Bibliothèque Nationale. Publiées chez Pleyel fils aîné, boulevard Montmartre, elles sont dans le goût *troubadour* et moyenâgeux de l'époque.

VERNADÉ (Claude). Dans l'article cité plus haut, à propos d'*Ingrain*

1. D'après le *Calendrier musical*, Taperay demeurait, en 1788, rue Maillet, faubourg Saint-Jacques, près la barrière.
2. Article cité. Fétis ne fixe Taperay à Fontainebleau qu'en 1802.
3. Selon Fétis, car les archives locales et celles de Seine-et-Marne sont muettes sur le lieu et la date du décès de Taperay.
4. Ouv. cité.

(voir ce nom), M. Georges Cucuel a publié l'acte de décès de *Vernadé* qui fut, le 12 décembre 1786, inhumé à Saint-Benoit. Sa mort datait de la veille. Cet acte lui donne les titres d' « organiste honoraire et vétéran de la paroisse Saint-Benoit et de celle de Bonne-Nouvelle » et titulaire de celle de Sainte-Marguerite. Il le dit âgé de 74 ans, ce qui fixe sa date de naissance à 1712.

J'ai trouvé, en effet, le nom de *Vernadé* sur les registres de la fabrique de Sainte-Marguerite, de 1771 à 1785, où il prend la place de la demoiselle *Calvière* (voir ce nom)[1]. Dans cette période, en raison de l'arrangement conclu avec elle, il ne recevait de la titulaire qu'un émolument de 30 livres par an.

Jèze, en 1759, citait *Vernadé* comme organiste de Saint-Hilaire-du-Mont.

D'après M. G. Cucuel, *Vernadé* se serait occupé, avec Bayard, de publications musicales et notamment de celle des symphonies *da vari autori*, reprise par Venier en 1755.

Œuvres. — La Bibliothèque Nationale ne possède pas d'œuvres de *Vernadé*.

∴

Si, malgré la sécheresse documentaire des pages précédentes où, sans souci de vaine littérature, l'auteur s'est borné à fournir des précisions historiques et des rectifications biographiques, le lecteur a prêté quelque attention à ces brèves notices, il n'a pas manqué de se demander comment les artistes des XVIIe et XVIIIe siècles pouvaient remplir les fonctions d'organiste à la fois dans trois, quatre, cinq et même six églises ou chapelles de couvent[2]. Ce cumul était parfois interdit dans les actes d'engagement (on a vu plus haut, page 10, que, dans un concours, J.-Ph. *Rameau* avait été évincé pour cette raison, au profit de *Dornel*). Mais d'autres paroisses ou chapitres étaient fiers, au contraire, d'avoir pour organiste le titulaire de la Chapelle royale ou « l'un des quatre de Notre-Dame », un maître tel que Couperin, Daquin, Séjan, Charpentier. Ceux-ci n'avaient pas cependant le don d'ubiquité, ne pouvaient se trouver simultanément à Paris et à Versailles. Les moyens de transport rapides faisaient défaut et d'ailleurs, dans les diverses paroisses, grand'messes et vêpres se chantent habituellement aux mêmes heures. De plus, les fêtes exigeant le concours de l'orgue étaient fort nombreuses[3].

1. Reg. de comptabilité H[5] 3821 *.

2. Le dernier des *Couperin*, François-Gervais, était titulaire des orgues de la Sainte-Chapelle, de Saint-Gervais, Saint-Jean-en-Grève, Sainte-Marguerite et des Carmes-Billettes.

3. Deux pièces d'archives permettent d'établir la nomenclature des fêtes religieuses exigeant le concours de l'organiste, suivant l'usage des paroisses de Paris. L'une, tirée d'un registre de la fabrique de Saint-Roch (Arch. Nat. LL 916) et présumée du XVIIe siècle (vers 1665), a été déjà publiée par L. Bournon dans le supplément à l'ouvrage de l'abbé Lebœuf sur le diocèse de Paris; l'autre a été trouvée par moi dans un *Registre des officiers de l'autel et du chœur* de Saint-Nicolas-du-Chardonnet (Arch. Nat. M. M. 292). Elle est du XVIIIe siècle.

Faute de pouvoir se multiplier, l'organiste était donc obligé de recourir à des remplaçants, de déléguer un membre de sa famille, sa femme, sa fille, un fils, un neveu exercé dans l'art qu'il professait ou un de ses élèves appelé « commis ». Après avoir suppléé son père, son oncle, ou son maître durant cinq, dix, quinze ans, le remplaçant, admis au titre de « survivancier », obtenait habituellement la succession convoitée. Cet usage a eu pour résultat, sous l'Ancien Régime, d'assurer le recrutement des organistes, de procurer aux futurs artistes l'instruction technique, de leur enseigner les règles de la composition, la connaissance et la pratique des instruments. Les tribunes des grandes orgues parisiennes furent donc, ainsi que les maîtrises, — les seuls Conservatoires de musique de l'époque. Ces institutions ont ainsi utilement servi non seulement l'art religieux, mais l'art musical en général, car un Couperin, un Marchand, un Rameau, un Dandrieu se sont illustrés aussi bien dans les productions profanes que dans les œuvres destinées à la célébration du culte.

FIN.

Ce dernier règlement divise les fêtes religieuses en plusieurs catégories. Pour celles de la 1re classe : « *Noël, Pasques, Pentecoste, Assomption de la Vierge*, la *Toussaint*, la *Dédicace*, le *Patron* et le *Titulaire* de l'Eglise, aux premières vespres il y a orgue » ; aux secondes vêpres, mêmes solennités qu'aux premières.

« FESTES DE LA 1re CLASSE MINEURE : l'*Epiphanie*, l'*Ascension*, la *Feste-Dieu*, la *Purification*, la *Nativité de la Sainte Vierge*, Feste de *Saint Denis*, même règle ;

« FESTES DE LA 2e CLASSE MAJEURE : la *Circoncision*, la *Sainte Trinité*, l'*Annonciation*, la *Conception de la Sainte Vierge*, Feste de *Saint Marcel*, aux premières vespres il y a orgue ;

« FESTES DE LA 2e CLASSE MINEURE : *Octave de la Feste-Dieu*, *Nativité de Saint Jean*, *Saint Pierre et Saint Paul* (et les autres *Apôtres*), *Sainte Geneviève*, *Saint Martin* », l'orgue concourt à leur célébration. « Festes *doubles*, *semi-doubles*, *féries*, *festes simples*, pas d'orgue. »

Mais, à une autre page, le règlement prescrit l'emploi de l'orgue le *mardi de Pâques*, pour la *Visitation* et la *Présentation de la Vierge*, l'*Immaculée Conception*, les Fêtes de l'*Avent*, la procession du *Veni Creator* à la Pentecôte. Si l'on combine les deux règlements, il en résulte que l'organiste, aux grandes fêtes telles que *Noël*, *Pâques*, etc., devait toucher « à matines, à la grand'messe et aux vespres », jouer à celles de l'*Avent*, les 1ers *dimanches du mois*, sauf exception pour le temps du Carême, commémorer, outre les *Apôtres* et les Saints déjà nommés, *Saint Roch*, *Saint Barnabé*, *Saint Etienne*, *Saint Michel*, *Saint Jean Porte-Latine*, *Sainte Catherine*, *Saint Honoré*, patron des boulangers, et prêter de plus son concours aux Fêtes des Confréries.

www.ingramcontent.com/pod-product-compliance
Ingram Content Group UK Ltd.
Pitfield, Milton Keynes, MK11 3LW, UK
UKHW021519260726
13993UKWH00004B/1778

9 782329 195803